HEINZ BERGGRUEN

EIN BERLINER KEHRT HEIM

Heinz Berggruen vor der «Seilspringerin» von Matisse. 1952, zwei Jahre vor seinem Tod, hat Henri Matisse diesen großartigen Scherenschnitt in einem leuchtenden Blau geschaffen.

HEINZ BERGGRUEN

EIN BERLINER KEHRT HEIM

REDEN VON 1996 BIS 2000

FOTOGRAFIEN VON BARBARA KLEMM

EDITION BÜCHERBOGEN

Erweiterte Neuauflage März 2002

Die Rede VON BERLIN ÜBER SAN FRANCISCO UND PARIS ZURÜCK NACH BERLIN ist mit freundlicher Genehmigung der Bertelsmann AG in Gütersloh dem Band «Berliner Lektionen» 1996 entnommen.
Fotografien Barbara Klemm
Druck: Druckerei Gerike, Berlin
Printed in Germany
ISBN 3-9808272-0-8

IN MEMORIAM IGNATZ BUBIS

Zwischen 1996, dem Jahre, in dem meine Sammlung der Klassischen Moderne unter dem Leitsatz *Picasso und seine Zeit* zum ersten Mal in Berlin gezeigt wurde, und Ende 2000, als ich der Stiftung Preußischer Kulturbesitz meine Sammlung übereignete, habe ich eine Reihe von Reden gehalten, die in dem vorliegenden Band veröffentlicht sind. Diese Reden beziehen sich auf meine Aktivitäten als Kunsthändler in Paris, sie befassen sich mit meiner Tätigkeit in der Sammlung meiner Bilder im Stülerbau in Charlottenburg und, auf breiterer, genereller Basis, meiner Beziehung zu Deutschland.

Beim Redigieren der Ansprachen erfuhr ich mit Bestürzung vom Tod des von mir hoch geschätzten Ignatz Bubis. Für mich war Bubis eine der Lichtgestalten sowohl in der jüdischen als auch in der deutschen Politik und Kultur. Ich empfand ihn als einen würdigen, klugen, verantwortungsbewussten und dynamischen Repräsentanten der jüdischen Menschen in Deutschland. In großer Verehrung und mit Respekt widme ich dem Gedächtnis von Ignatz Bubis diese Anthologie meiner Reden.

Man kann nicht fort von Berlin. Man träumt das Glück, das man einmal erlebt hat, wieder.

Alfred Kerr, 1899

INHALT

1. EINE UNGEHALTENE REDE

Bitte seien Sie nicht ungehalten. Sie lesen jetzt – wenn ich kurz aus dem deutschen Wortschatz ausbrechen darf – als *appetizer* oder *hors d'œuvre* eine Rede, die ich nie gehalten habe. Diese Rede ist nur für Sie, die Leser, bestimmt.

Seit fast fünfzig Jahren lebe ich, mit Unterbrechungen, in Frankreich und glaube, die Franzosen ganz gut zu kennen. Unsere Nachbarn im Westen sind zweifellos ein redefreudiges Volk, aber mit offiziellen Reden, wie man sie in Deutschland kennt und vor allem bei Ausstellungseröffnungen zelebriert, haben die Franzosen nicht viel im Sinn. In Paris finden im großen Ganzen Vernissagen statt, ohne dass einem zu Beginn erläutert wird, worum es geht, was man sehen wird und was das, was man sehen wird, bedeutet.

In Deutschland, habe ich schnell gelernt, ist das anders. Man wird belehrt, man wird instruiert, plötzlich ist man wieder in der Schule. Es wird einem, und meist sehr ausführlich, erklärt, warum man gekommen sei und was man erwarten solle. Die Ausstellungseröffnung wird in ein didaktisches Exerzitium verwandelt. Es sprechen – nicht unbedingt in dieser Reihenfolge – der Leiter der Veranstaltung, der Abgesandte eines Ministeriums, ein oder zwei Kuratoren und oft auch noch der Vorsitzende einer Fördergruppe, ohne den die Ausstellung nie zustande gekommen wäre. Im *Spiegel* las ich kürzlich, dass eine Präsentation im Bonner Kunstmuseum unter dem Motto *Zeitwenden* «mit nicht weniger als elf Festreden eröffnet werden soll». Was kann man dazu sagen? Im Übrigen geschieht das alles mit preußischstrenger Pünktlichkeit und meist ist man den Belehrungen und Erklärungen im *Stehen* ausgesetzt. Wenn man dann eine Dreiviertelstunde später total erschöpft ist nach all den Ausführungen, die man stoisch über sich ergehen ließ, hat man die größte Mühe, vor allem an einem heißen Tag, an dem außerdem noch die Klimaanlage nicht funktioniert, das aufzunehmen und zu schätzen, wofür man eigentlich gekommen ist, nämlich die Ausstellung, um die es geht.

Ich muss gestehen, dass ich Schwierigkeiten habe, mich an diese red(un)seligen Gebräuche zu gewöhnen. Ich möchte mit den Werken Picassos oder Kirchners allein sein, ganz allein, ohne dass man mir lang und breit einzutrichtern versucht, warum Picassos Rosa Epoche der Blauen folgen musste und warum für Kirchner die käuflichen Damen im Umkreis des Potsdamer Platzes ein so wichtiges Thema waren.

Das Reden ist der Deutschen Lust. Ich warte immer – bis auf den heutigen Tag allerdings erfolglos – auf ein Ereignis, bei dem *keine* Rede gehalten wird. Ist eine stumme Ausstellungseröffnung vorstellbar? Aber nun ertappe ich mich, wie ich selbst dabei bin, eine Rede zu verfassen. Doch ist diese Rede für kein besonderes Ereignis gedacht. Sie ist ganz einfach – ungehalten.

Jetzt, wenn Sie es ertragen mögen, kommen ein paar Ansprachen, die ich *wirklich* gehalten habe. Sie brauchen nicht zu stehen. Machen Sie es sich vor allem recht bequem.

2. FESTSTUNDE IM SCHLOSS. PREMIERE ODER GENERALPROBE?

Am 6. September 1996 wurde in der Orangerie des Schlosses Charlottenburg meine Sammlung der Klassischen Moderne vom damaligen Bundespräsidenten Roman Herzog feierlich eingeweiht. Diese Sammlung ist im nahe gelegenen westlichen Stülerbau gegenüber dem Ägyptischen Museum untergebracht. Ich sollte eine Dankesrede halten und hatte Lampenfieber. Seit meiner Rückkehr nach Berlin war dies meine erste Rede in meiner Heimatstadt. Es war sozusagen eine Premiere für mich. Oder vielleicht eine Generalprobe für eine Ansprache, die genau zwei Tage später von mir in einer Matinee im Berliner Renaissance-Theater erwartet wurde. Wie gesagt, ich hatte Lampenfieber. Wie dankt man einem Bundespräsidenten für seine Laudatio?

Herr Bundespräsident,
meine Damen und Herren,

von Herzen möchte ich meinen Vorrednern danken, die eben so einfühlende Worte gesprochen haben, allen voran Ihnen, Herr Bundespräsident. Verdiene ich das Lob, das man mir so großzügig spendet? Gewiss ist der heutige Tag ein sehr aufregender für mich. Bedenken Sie bitte: Vor genau sechzig Jahren habe ich diese Stadt verlassen, in der ich geboren und aufgewachsen bin und in der ich eine glückliche Jugend verbrachte. 1936 bin ich von Berlin mit zweiundzwanzig Jahren weggegangen, weil es hier keine Zukunft für mich gab. Mit genau zehn Mark in der Tasche – das war alles, was eine diabolische Diktatur einem Auswanderer zugestand – kehrte ich meinem Heimatland den Rücken. Jetzt, sechzig Jahre später, bin ich wieder da; der Kreis schließt sich.

Ich kam mit *mehr* als zehn Mark zurück. Zur Freude von uns allen, wie ich hoffe, fülle ich ein kleines Museum mit vielen Schätzen der klassischen Kunst unseres Jahrhunderts.

Wie ich in meinen Erinnerungen, die mit dem Titel *Hauptweg und Nebenwege* im Nicolai Verlag erschienen sind, erzähle, ging ich in diesen sechs Jahrzehnten der Abwesenheit einen langen Weg. Meine Emigration nahm ihren Anfang in Kalifornien. Dann kam der Krieg und ich wurde in die amerikanische Armee eingezogen. 1944 landete ich mit meiner Truppe in Europa, verbrachte ein gutes Jahr nach Kriegsende in München und ging dann nach Paris, wo ich erst in der

Hohe Herren der Politik bei der Eröffnung meiner Sammlung im Stülerbau in Charlottenburg, September 1996: die früheren Bundespräsidenten Roman Herzog und Richard von Weizsäcker und der seinerzeit Regierende Bürgermeister von Berlin, Eberhard Diepgen, Im Hintergrund an der Wand ein Bild von Picasso.

Kulturabteilung der Unesco arbeitete und dann, sehr bescheiden, begann, mit moderner Kunst zu handeln.

Nach Berlin, an den Ort meiner Kindheit, zurückgekommen bin ich mit dem Wunsch und in dem Bewusstsein, einen Beitrag zu leisten, einen geistigen und kulturellen Beitrag zu dem moralischen Wiederaufbau meines alten Landes, das während zwölf dunkler Jahre dekretiert hatte, die Kunst, die ich liebe, als entartet zu verwerfen.

Ich sage freimütig, dass ich stolz darauf bin, diesen Beitrag zu leisten. Gewiss bin ich viel Kritik begegnet, vor allem in den Vereinigten Staaten. Wie kann man nach dem Holocaust, wurde mir vorgeworfen, daran denken, nach Deutschland zurückzugehen und darüber hinaus mit kostbaren Kunstwerken, um sie in diesem Land der Allgemeinheit zugänglich zu machen?

Die kommenden Jahre werden zeigen, ob ich mich geirrt habe oder ob mich mein Instinkt richtig geleitet hat. Es ist ein Pakt, den ich mit mir selber, aber auch mit meiner Familie und meinen Berliner Freunden schließe. Eines ist sicher: Hier in Berlin bin ich größtem Verständnis begegnet. Alle, die sich mit dem Projekt, meine Sammlung klassischer moderner Kunst in Charlottenburg zu zeigen, von Beginn an befassten, haben sich uneingeschränkt und mit größtem Enthusiasmus dafür eingesetzt. Dabei denke ich an die Direktion der Stiftung Preußischer Kulturbesitz – ich möchte mit Dank die Professoren Werner Knopp und Wolf-Dieter Dube nennen – wie auch an die Leiter der Neuen Nationalgalerie, allen voran Professor Peter-Klaus Schuster und Dr. Angela Schneider. Auch dass es den Architekten Christoph Sattler und Thomas Albrecht gelungen ist, in der Rekordzeit von weniger als einem Jahr den westlichen Stülerbau, den Sie, meine Damen und Herren, in wenigen Minuten sehen werden, professionell und ganz im Geiste der Sammlung zu gestalten, sei hier mit großer Anerkennung vermerkt.

In der Zeit, in der ich zu sammeln anfing, gab es noch keine Computer. Es gab kein Fax, keine Datenbank, kein mobiles Telefon, kein Internet und keine E-Mail. Sie werden also eine Sammlung sehen, die fast altmodisch aufgebaut und zusammengestellt wurde, ohne die zahlreichen technologischen Hilfsmittel, deren man sich heute bedient.

Picasso und seine Zeit ist der Titel der Sammlung, und dies, meine ich, zu Recht. Von den einhundertdreizehn Werken, die der Teil meiner Sammlung hier im Stülerbau umfasst, sind weit über die Hälfte Gemälde, Zeichnungen und Skulpturen des zweifellos genialsten Künstlers unseres Jahrhunderts, Picasso.* In seinen Lebenserinnerungen, die er vor dreißig Jahren veröffentlichte, schrieb der große russische Schriftsteller Ilja Ehrenburg: «Ich hatte Glück. Ich begegnete in meinem Leben manchem, der die Physiognomie unseres Jahrhunderts prägte. Ich sah nicht nur Nebel und Sturm, ich sah auch die Silhouetten jener auf der Kommandobrücke. Zu den glücklichsten Stunden meines Lebens», schrieb Ehrenburg, «zähle ich den Tag, da ich Picasso erstmals gegenübertrat.» Das trifft auch auf mich zu. Auch ich zähle zu den glücklichsten Stunden meines Lebens den Tag, an dem ich Picasso zum ersten Mal begegnete. Lassen Sie mich, meine Damen und Herren, den Wunsch aussprechen, dass ich auch den heutigen Tag mit Ihnen in meiner Erinnerung als einen der glücklichsten Momente bewahren werde.

Ich danke Ihnen.

* Inzwischen ist die Sammlung auf 180 Werke gewachsen.

3. VON BERLIN ÜBER SAN FRANCISCO UND PARIS ZURÜCK NACH BERLIN

Unter dem Titel «Ein Berliner Kunsthändler in Paris» hielt ich am 8. September 1996 im Renaissance-Theater in Charlottenburg in der Reihe Berliner Lektionen, die dort von den Berliner Festspielen in Zusammenhang mit dem Verlagshaus Bertelsmann seit Jahren veranstaltet wird, einen Vortrag. Ich befand mich, wie es so schön heißt, in erlesener Gesellschaft. Eine Woche zuvor hatte an gleicher Stelle der frühere französische Staatspräsident Valérie Giscard d'Estaing mit Altbundeskanzler Helmut Schmidt über «deutsch-französische Zusammenarbeit» gesprochen. Und in der gleichen Reihe diskutierte kurze Zeit später der erfolgreiche französische Schriftsteller Michel Tournier mit Volker Schlöndorff, dem gleichermaßen erfolgreichen Regisseur der «Blechtrommel», über seine, Tourniers, «Affäre mit Deutschland». Ich selbst erzählte hauptsächlich von meinen Erfahrungen in Paris, vor allem von Begegnungen mit den großen Künstlern Miró, Matisse und im Besonderen mit Pablo Picasso.

Meine Damen und Herren,

in Abwandlung des berühmten Satzes von John F. Kennedy kann ich sagen: Ich bin *wirklich* ein Berliner. In Berlin geboren, und zwar in Wilmersdorf, bin ich in Berlin in die Schule gegangen, in Berlin groß geworden. Später kam es dann anders, aber das war nicht vorgesehen.

In meiner Kindheit und Jugend war mir Berlin vertraut und jetzt ist es mir wieder vertraut geworden. Wenn ich, aus Paris kommend, wo meine Frau und ich unseren Wohnsitz haben, mit dem Flugzeug in Tegel lande und mit dem Taxi Richtung Kurfürstendamm fahre, freue ich mich jedes Mal, an Stätten vorbeizukommen, die mir das Berlin meiner frühen Jahre zurückrufen: das so prächtig und eindeutig elegante, den Geist des friderizianischen Rokoko reflektierende fürstliche Schloss Charlottenburg, ein wenig später zur Linken das skurrile und verschrobene, mit seinem achtzig Meter hohen Turm in die Höhe strebende Rathaus von Charlottenburg und kurz danach, zur Rechten in der Hardenbergstraße, die heitere Dreiecksfassade vom Renaissance-Theater, in dem wir uns jetzt befinden. Das alles ist kein neues und neu gebautes, mir ungewohntes Berlin der Hoch- und Glashäuser und der unzähligen Baustellen, es ist das Berlin, das viele gewohnte Erinnerungen weckt, und zwar gute. Ich hatte, das möchte ich mit Nachdruck sagen, eine glückliche und ungetrübte Jugend in Berlin. Das braune Gewitter sollte später kommen.

Ich war überrascht, wie schnell ich mich nach sechzig Jahren der Abwesenheit, oder vielleicht sollte ich besser sagen: der Trennung, von Berlin in der Gegend zurechtfinden würde, in der ich meine Kindheit und Jugend verbracht hatte. Der Autobus (oder war es eine Straßenbahn?), der vom Kurfürstendamm – damals sagte man noch nicht Ku'damm – zum Roseneck im Grunewald fuhr, war der oder die 76, und jetzt ist es der 129er. Alles kam ins Gedächtnis zurück, der Preußenpark, der Olivaer Platz, die Querstraßen vom Kurfürstendamm, Leibnizstraße, Wielandstraße, Schlüterstraße, bis hinauf zur Joachimstaler. Und plötzlich fiel mir auch unsere alte Telefonnummer wieder ein: Oliva 3561. Die Rückblende war praktisch komplett.

Damals, in den frühen dreißiger Jahren, war mein Ehrgeiz, mich eines Tages als Journalist zu betätigen. Die Eltern hielten das in bürgerlichen Kreisen sehr geschätzte, von Theodor Wolff herausgegebene *Berliner Tageblatt*. Ich bewunderte den damaligen Redakteur des Feuilletons Fred Hildenbrandt. Seine flüssige und sensible Prosa beeindruckte mich. Ich wollte ein Hildenbrandt werden. Als ich einundzwanzig war, schrieb ich Zeitglossen über Berlin für die *Frankfurter Zeitung*, die Vorläuferin der «FAZ». Vorher aber, nach dem Abitur in Berlin 1932, ging ich auf zwei Jahre nach Frankreich, erst nach Grenoble, dann nach Toulouse – *la France profonde* – und nach Paris. Ich studierte, fasziniert, Kunstgeschichte und französische Literatur. Ende 1934 war ich wieder in Berlin. Die Tatsache, dass es in Deutschland zu dramatischen politischen Veränderungen gekommen war, hatte zunächst keinen Einfluss auf mich. Ich fühlte mich wieder wohl in Berlin, ich fühlte mich *zu Hause*. Es war ja noch ein paar Jahre vor der schlimmen

«Kristallnacht». Aber ich spürte doch, dass für einen ehrgeizigen jungen Menschen aus einem jüdischen Elternhaus viele Wege versperrt waren.

Ende 1936 ging ich mit einem Stipendium nach Kalifornien. Ein neuer Lebensabschnitt begann, aber nicht so glücklich, wie ich es mir vorgestellt hatte. Im Gegensatz zu den meisten Emigranten aus Deutschland, die sich erfolgreich assimilierten, hatte ich Mühe, mich in Amerika einzugliedern. Ich hatte Kontaktschwierigkeiten. Es wurde einem zu oft auf den Rücken geklopft und die Beine wurden zu oft auf den Tischen ausgestreckt, statt auf dem Boden zu bleiben. Ich empfand die Amerikaner als zu pragmatisch, zu extrovertiert und auch als zu materialistisch. Ich hatte Seelenpiepen, ich sehnte mich nach der Heimat – ein Wort übrigens, wie wir wissen, das es im Angloamerikanischen gar nicht gibt.

Sie werden, meine Damen und Herren, sich fragen, wie ich zur Kunst gekommen bin. Das ging alles sehr langsam. In Berlin, vor der Auswanderung, war ich so erfüllt, ja geradezu besessen von meinen journalistischen Ambitionen, dass da gar kein Raum blieb, sich mit Kunst näher zu befassen. Es gab in dieser Hinsicht auch keine Anregungen im Elternhaus. Es waren die Goldenen Jahre zwischen 1920 und 1932. Marlene Dietrich und Emil Jannings im *Blauen Engel*, Brechts *Dreigroschenoper*, Max Reinhardts großartige Inszenierungen im Deutschen Theater, das freche Kabarett der Komiker am Lehniner Platz – das alles wurde von den Eltern (und auch von mir) sehr geschätzt, aber Besuche im Kaiser-Friedrich-Museum oder im Kronprinzenpalais waren nicht im Programm. Die praktisch einzige Beziehung zur Kunst war ironischerweise im Wohnzimmer ein aufwendig gerahmter Farbdruck des berühmten Rembrandt-Gemäldes *Der Mann mit dem Goldhelm*, das die spätere Rembrandt-Forschung als nicht authentisch verwarf.

Meine erste Beziehung zur Kunst ergab sich, als ich eine Ausstellung im Kunstmuseum in San Francisco sah. Kurz darauf bekam ich dort eine Anstellung. Nach deutschen Vorstellungen wäre es undenkbar, dass ein junger Mensch (noch dazu Ausländer) mit nicht beendetem Studium qualifiziert sei, als *junior curator* in einem Museum zu wirken, aber da sind die Amerikaner, wie gesagt, pragmatischer. San Francisco bereitete damals eine Weltausstellung vor und hatte den berühmten mexikanischen Freskenmaler Diego Rivera eingeladen, eine große Wandmalerei zu schaffen. Ich wurde vom Museum als sein Gehilfe abgeordnet. Rivera sprach zwar kein Wort Englisch und ich kein Spanisch, aber wir verständigten uns gut auf Französisch. Rivera hatte vor dem Ersten Weltkrieg längere Zeit in Paris gelebt und gearbeitet, stark unter dem Einfluss der Kubisten.

Ich wurde sein «Mädchen für alles». Ich machte die Besorgungen für ihn, begleitete ihn zum Essen und dolmetschte, wenn Journalisten kamen. Das alles ging gut.

Er war der erste bedeutende Künstler, dem ich begegnete. Rivera war ein übergroßer, stämmiger Mann, von stark ausgeprägter Hässlichkeit, die seltsamerweise in ihrer Prononciertheit etwas Anziehendes hatte.

Im Dezember 1941 bombardierten die Japaner Pearl Harbor und Amerika ging in den Krieg. Ich wurde sehr rasch eingezogen und war alles andere als unglücklich darüber. Das mag sich seltsam anhören, aber so war es. Ich hatte Sehnsucht nach Europa – Sehnsucht, schon wieder so ein Wort, das es im Englischen nicht gibt –, und meine Verbindung mit Rivera und seiner zauberhaften Frau Frida Kahlo, halb Indianerin, halb Tochter eines deutsch-jüdischen Fotografen, hatte diese Sehnsucht noch vertieft. Europa fehlte mir, ich war Europa-süchtig. Dass ein Krieg kommen musste, um meinen Wunsch, den alten Kontinent wieder zu betreten, zu erfüllen, war allerdings nicht geplant.

In Amerika hatte ich Paul Klees Werk entdeckt und das hatte einen entscheidenden Einfluss auf mich. Sehr viele Jahre später schrieb ich in der Einführung zu einer Ausstellung meiner Klee-Bilder, die erst im Metropolitan Museum in New York und 1988 in der Kunsthalle in Tübingen gezeigt wurden:

«Wie kann ich erklären, dass ich mich spontan und heftig zu Klees Werk hingezogen fühlte? War es die plötzliche Verpflanzung eines sehr jungen und sensiblen Menschen, voll unerfüllten literarischen Ehrgeizes, in eine neue und völlig andere und fremde Umgebung? Im Unterbewusstsein muss Klees Werk jene emotionalen Vibrationen heraufbeschworen haben, welche die vielen glücklichen Jahre meiner Jugend in Berlin vor 1936 erfüllt hatten. In San Francisco nahm eine Liebesgeschichte ihren Anfang, die bis heute nicht endete.»

Ja, so war es. Im Tornister des Landsers trug ich, wie einen Talisman, ein reizvolles Aquarell von Klee aus den zwanziger Jahren, das ich in Chicago, auf einer Durchreise, bei einem Bekannten für 100 Dollar erworben hatte. Ich liebte dieses Aquarell, das «Perspectiv-Spuk» hieß, über alles. Ich hatte es immer bei mir, wo immer ich war, bis ich es, zusammen mit anderen Arbeiten von Klee, 1984 dem Metropolitan Museum of Art in New York vermachte.

Wie gesagt, der Krieg führte mich nach Europa zurück, 1945 wurde ich in Deutschland demobilisiert und das State Department in Washington beauftragte mich mit der Mitherausgabe einer illustrierten Wochenzeitschrift im Stil der damals sehr populären amerikanischen Revue *Life*, die *Heute* hieß. Hergestellt wurde *Heute* – Ironie des Schicksals – in München in einer Druckerei vom *Völkischen Beobachter.* Jetzt war ich endlich wieder Journalist und das erfüllte mich mit sehr viel Genugtuung. Unter dem Titel *Angekreidet* schrieb ich Zeitglossen, die später in Buchform herausgegeben wurden.* Ich schrieb auch über Kunst, unter anderem über Max Beckmann, der gerade bei Günther Franke in München eine eindrucksvolle Ausstellung hatte. Beckmann meldete sich aus Amsterdam, wo er im Exil lebte, wir sollten uns treffen. Leider kam es nie dazu. Beckmann reiste nach Amerika und da ist er dann, relativ jung, kurz darauf gestorben.

Nach etwa einem Jahr hatte Washington beschlossen, die Veröffentlichung von *Heute* einzustellen. Wohin mit mir? Ich hatte Glück. Meine Chefin im Museum in San Francisco war beauftragt worden, die Kunstabteilung der neu gegründeten Unesco in Paris zu übernehmen, und bot mir an, als Assistent zu ihr zu kommen. Das nahm ich mit Freuden an. Paris als mein neues Domizil empfand ich als eine große Chance. Nach einer Weile merkte ich allerdings, dass bei der Unesco sehr viel administrative Arbeit erwartet wurde. Das war nicht ganz meine Sache. Unsere Haupttätigkeit bestand darin, Memoranden von einem Büro zum anderen zu schicken, und das fand

* Sie sind als *Abendstunden in Demokratien* 1999 in überarbeiteter Fassung im Rowohlt · Berlin Verlag neu erschienen.

ich eher trocken und steril. Ein Jahr später kündigte ich und fing an, wenn auch ganz klein und bescheiden, mit Kunst zu handeln.

Ich wurde oft gefragt: Wie macht man das? Wie fängt man Kunsthandel an? Wo kommt das Anfangskapital her?

Das Anfangskapital war keineswegs materieller Natur. Es bestand aus gewissen Kenntnissen, die ich mittlerweile erworben hatte, aus Beziehungen, aus dem Wunsch, zu reüssieren – aber Geld hatte ich praktisch keines. Die großen Städte wie Paris, London, aber auch New York, waren noch nicht mit Galerien übersät. Ein befreundeter Buchhändler am Quai des Orfèvres im Herzen von Paris lieh mir zwei winzige Räume, in denen ich moderne illustrierte Bücher und graphische Arbeiten zeigte, die man mir in Kommission gegeben hatte. Im Café de Flore in St. Germain des Près, das als Künstlertreff den Dôme vom Montparnasse ersetzt hatte, machte ich die Bekanntschaft des Dichters Tristan Tzara, des Mitbegründers des Dadaismus. Wir sympathisierten. Tzara hatte gerade einen Gedichtband mit Originallithographien von Picasso fertig gestellt, den er ausstellen wollte. Meine Räume – ich war inzwischen in ein größeres Lokal gewechselt – erschienen ihm in ihrer Intimität geeignet für seinen Zweck, aber man brauchte die Genehmigung von Picasso. Und so führte er mich bei ihm ein.

Das war ein entscheidender Moment in meinen Anfängen als Händler. Picasso akzeptierte mich. Er spürte, dass er es mit einem jungen Menschen zu tun hatte – ich war vierunddreißig –, der enthusiastisch und aufnahmebereit war und eine echte Beziehung zu seinem Werk hatte. Ich selbst war vom ersten

Augenblick an völlig im Bann dieses großen Künstlers. Es war, das kann ich rückblickend sagen, die stärkste, die reichste Begegnung meines Lebens. Wenn ich Picasso verließ – und ich hatte das Glück, ihn über die Jahre oft zu besuchen –, war ich jedes Mal wie betäubt, so stark, so intensiv war die Ausstrahlung seiner Persönlichkeit.

Die Ausstellung des Tzara-Buches, zu der Picasso seine Einwilligung gegeben hatte, war finanziell kein Erfolg, aber sie öffnete viele Türen. Sie stärkte mich in meinem Selbstbewusstsein, ich hatte das Gefühl, dass ich mich auf dem richtigen Wege befand. Meine Absicht war, in meiner Galerie konzessionslos nur das zu zeigen, wozu ich eine innere Beziehung hatte. Meine allerersten Ausstellungen waren Paul Klee, den graphischen Arbeiten von Braque und Matisse und den Collagen von Schwitters aus den zwanziger Jahren gewidmet. Ich war der Erste, der je Schwitters in Paris zeigte. Bei meinem neuen Freund Tzara sah ich zwei Collagen von Schwitters, dessen Werk ich bis dahin überhaupt nicht kannte, und beschloss, ihn bei mir zu zeigen. Ich fuhr nach Berlin, besuchte Hannah Höch, seine Lebensgefährtin, in Heiligensee – eine reizende kleine Dame, die von meiner Idee, Schwitters in Paris auszustellen, begeistert war und mir eine Reihe schönster früher Collagen aus ihrem Besitz überließ. Das war dann auch ein großer Erfolg. Ein bekannter amerikanischer Händler, Sidney Janis, kam und kaufte die ganze Ausstellung. Ich hätte gern ein oder zwei Blätter für mich persönlich behalten, aber das konnte ich mir damals noch nicht leisten. Das Sammeln kam später, aber dann sehr intensiv.

Der Kontakt zu Matisse ergab sich, indem ich einfach bei ihm anrief. Er stand schlicht im Telefonbuch wie jeder andere: *Matisse, Henri, artiste peintre.* Ich erklärte der Sekretärin, dass ich ein junger Händler sei, dass ich Matisse gern besuchen und, wenn möglich, ein paar Zeichnungen kaufen wollte. Matisse willigte ein. Die Sekretärin gab mir ein Rendezvous.

Matisse wohnte in einem großbürgerlichen Haus am Montparnasse, ganz in der Nähe vom Café du Dôme. Die Wohnung war geräumig und hell. Lydia, die Sekretärin, führte mich ins Schlafzimmer, da lag Matisse, sorgfältig eingebettet auf seinem Krankenlager. Er hatte verschiedene Operationen hinter sich, und es bereitete ihm Mühe, zu Kräften zu kommen. Er sah aus, wie Kinder sich den lieben Gott vorstellen: schneeweißer Bart, strenges, doch gutmütiges Gesicht, autoritär. Die wenigsten Menschen, die im Bett liegen, wirken wie Respektspersonen. Er tat es.

Matisse, sehr ruhig und von großer Höflichkeit, nahm mich in eine Art Kreuzverhör. Wo ich herkäme, wo sich meine Galerie befände und was ich ausstellte. Ich sprach von Picasso und Klee und er wurde zusehends zugänglicher. Er hätte gehört, ich wollte Zeichnungen von ihm sehen und vielleicht auch kaufen, und damit sei er einverstanden. Wir machten eine neue Verabredung.

Als ich ein paar Tage später wiederkam, war alles in einem geräumigen Atelier sorgfältig vorbereitet. Das Ganze war wie in einem Traum, ich meine wie im Traum eines Kunsthändlers. Da lagen drei Stöße von Zeichnungen, genau nach Format geordnet: kleine, mittelgroße und große. Die Sekretärin, die reizend und hilfsbereit war, erklärte: «Das hat der *patron*» – sie nannte ihn immer *patron* – «für Sie vorbereitet. Die kleinen kosten 50000 Franken das Blatt» – das waren natürlich alte Franken, also ungefähr 200

Mark –, «die mittleren 75000 und die großen 100000 Franken.» Es handelte sich um Federzeichnungen, die schönsten, die man sich vorstellen kann. Am liebsten hätte ich alle erworben, aber das war natürlich unmöglich. Meine Mittel waren beschränkt und so musste ich mich auf einige wenige konzentrieren. Es war mein erster Kauf bei Matisse und zum Schluss nahm ich sieben Blätter und war sehr glücklich. Als ich mich bedankte und verabschiedete, sagte Matisse: «Ja, noch eines. Ich möchte Ihnen eine Graphikmappe leihen, damit die Blätter nicht beschädigt werden. Aber den Karton müssen Sie uns unbedingt zurückbringen, so etwas braucht man ja immer.»

Später, als ich wieder einmal Matisse besuchte, sah ich zum ersten Mal die herrlichen Scherenschnitte – ein unglücklicher Ausdruck, aber der offizielle französische Terminus *Papiers découpés* ist auch nicht treffender –, die zweifellos den wichtigsten Teil im Alterswerk von Matisse bedeuten. Ich war begeistert. Matisse schätzte meine Reaktion. «Das freut mich sehr», sagte er, «dass Sie an diesen Arbeiten so viel Freude haben. Stellen Sie sich vor, mein eigener Sohn Pierre, der, wie Sie sicher wissen, in New York eine große Galerie leitet, lehnt diese Scherenschnitte als unmögliche Versuche eines alten Mannes ab, der verzweifelt eine neue Ausdrucksform sucht.» Und verbittert fügte er hinzu: «Eine Ausstellung mit diesen Arbeiten hat er glatt abgelehnt.» Tatsächlich hat Pierre Matisse nie eine Sonderausstellung der späten geschnittenen Gouachen seines Vaters gemacht.

Ich einigte mich mit Matisse, die *cut-outs* – so nennen die Amerikaner die Scherenschnitte – in meiner Galerie zu zeigen. Die Ausstellung wurde weltweit die erste dieser herrlichen späten Arbeiten von

Matisse. Die Präsentation, die ich dann mit seiner großzügigen Unterstützung vorbereitete – Matisse machte das Plakat und auch den Umschlag zum Katalog –, wurde zu einem einmaligen Erfolg. Die wichtigste und auch größte Arbeit erwarb das Kunstmuseum in Basel. Und alle anderen Blätter fanden Käufer, darunter zumeist bedeutende Sammler. Eine der feinsten Arbeiten wurde von Dominique de Menil für ihr schönes Museum in Houston, Texas, erworben, ein anderes wichtiges Blatt kaufte der inzwischen verstorbene Schweizer Bildhauer Max Bill.

In meinen Augen haben die Scherenschnitte von Matisse, an der Grenze der Abstraktion, etwas Magisches, das schwer zu definieren ist. Es geht um eine besonders stark ausgeprägte, zutiefst poetische Formensprache, die man zweidimensionale Musik heißen könnte, Musik der reinsten Art. Ich kann mir vorstellen, dass man in einem riesig großen Haus lebt mit einem riesig großen Raum, und dieser Raum wird allein erleuchtet von einem *cut-out* von Matisse in seiner großartigen und großzügigen Monumentalität.

Als Person war Matisse, den ich ja nur in seinen zwei letzten Lebensjahren gekannt habe, sehr viel zurückhaltender, sehr viel stiller als Picasso. In Gesprächen war er eher einsilbig. Obwohl es so leicht war, an ihn heranzukommen – der Telefonanruf eines ihm völlig unbekannten Menschen genügte! –, war er nie überrannt von Besuchern. Es gab keine Antichambre, wo, wie bei Picasso, die Leute im Stil spanischer Hofgebräuche bei Philipp II. stundenlang herumsaßen und darauf warteten, dem großen Künstler zu begegnen. Für mich war Matisse eine ganz einmalige, wunderbare Erscheinung, ein Künstler, der auch von Picasso uneingeschränkt verehrt wurde. Von all den großen Malern seiner Epoche war Matisse der Einzige, mit dem Picasso, außer mit Braque in der Zeit des Kubismus, engen Kontakt hatte. Nachdem Matisse 1954 starb, gab es eine kurze Epoche im Schaffen Picassos, in der Zeichnungen entstanden, die sehr an Matisse erinnern. Als einer von Picassos Freunden zögernd auf diese Ähnlichkeit hinwies, antwortete Picasso, weder beleidigt noch verlegen: «Sie meinen, ich zeichne jetzt wie Matisse? Da haben Sie Recht. Aber nachdem Matisse nicht mehr bei uns ist, muss doch jemand seine Arbeit fortsetzen, *n'est-ce pas?*»

Über Jahre hinaus haben Picasso und Matisse miteinander Bilder ausgetauscht. Das große orangefarbene *Stilleben mit Früchten* von Matisse, das zusammen mit einer Reihe bedeutender Bilder anderer Künstler aus dem Nachlass von Picasso, vor allem von Cézanne, in dem herrlichen Picasso-Museum in Paris

In meinem Arbeitszimmer im Stülerbau, vor einem Plakat von Braque, das ich in meiner Pariser Galerie 1953 verlegte, und Fotografien von Picasso und seinen Kindern.

hängt, ist eine eindrucksvolle permanente Huldigung Picassos an den Freund, den er über alles verehrte.

Jetzt habe ich Ihnen, meine Damen und Herren, recht viel über Matisse erzählt, aber eher wenig über Picasso, doch das will ich nun nachholen.

Anfang der fünfziger Jahre, kurz nach meinem Besuch mit Tzara in seinem Atelier in der Rue des Grands-Augustins, kehrte Picasso Paris den Rücken, um mit ganz wenigen knappen Unterbrechungen die letzten zwanzig Jahre – er starb 1973, fast zweiundneunzig Jahre alt, in seiner Villa in Mougins – im Süden zu verbringen. Ich hatte das Glück, dort regelmäßig von ihm empfangen zu werden.

Bei meinem ersten Besuch ging es um eine delikate Sache. Bei einem befreundeten Sammler in Paris befanden sich aus dem Nachlass von Vollard, dem großen Händler von Cézanne, der am Anfang auch Picassos Händler gewesen war, die Originale einer Reihe von frühen wichtigen Skulpturen von Picasso, bei denen die Güsse alle vergriffen waren. Würde Picasso mir die Erlaubnis geben, eine zweite, limitierte Auflage herzustellen? Ich machte mir wenig Illusionen über den Erfolg meines Unternehmens, aber empfand es als einen sinnvollen Anlass, Picasso erneut einen Besuch abzustatten. Ich hatte Glück, Picasso war glänzender Laune. Er akzeptierte das Projekt einer Neuauflage der Skulpturen in limitierter nummerierter Auflage. Wir diskutierten die Einzelheiten. Er schlug vor, neun Exemplare von jeder Plastik gießen zu lassen, davon würde er jeweils drei Güsse als Autor erhalten. Wir sollten einen kleinen Vertrag aufsetzen, meinte Picasso, und ich schrieb ein paar Zeilen mit der Hand, die er dann unterzeichnete.

Aus der heutigen Perspektive gesehen, erscheint es unvorstellbar, dass man sich bei einer so wichtigen Transaktion auf ein paar handgeschriebene Sätze beschränkt. Wahrscheinlich würde sich dieser Tage eine ganze Batterie von Juristen über einen solchen Vertrag beugen, um in vielen Paragraphen und Subparagraphen sowie mit den kompliziertesten Einschränkungen zu bestimmen, was in der Neuauflage gestattet sei und was nicht. Aber wir schrieben 1959 und da war anscheinend alles sehr viel einfacher.

Die wichtigste Skulptur der Neuauflagen, die ich herausgab, war der frühkubistische Kopf von Fernande, Picassos damaliger Gefährtin, aus dem Jahre 1909. Von den sechs Exemplaren, die ich im Verkauf hatte, behielt ich eines für mich selbst, und das gehörte mit zu den ersten Werken meiner Sammlung, die ich langsam aufbaute.

Ich hatte inzwischen geheiratet. Meine Frau ist die Tochter des großen Schauspielers Alexander Moissi – die ältere Generation unter Ihnen wird sich vielleicht an Moissi erinnern –, und bei einem weiteren Besuch bei Picasso begleitete sie mich. Bettina geriet ebenso in seinen Bann, wie ich es vom ersten Tag an gewesen bin. Picasso ließ seinen Charme spielen und davon hatte er sehr viel. Wie zumeist im Süden stand er vor uns, gebräunt, gedrungen und muskulös, mit entblößtem Oberkörper und leicht gespreizten nackten Beinen, wie ein Torero vor dem Stier. Bettina bemerkte seine Hände, weich und gepflegt wie die einer Frau, aber ebenso gedrungen wie sein Körper. Sie schaute unwillkürlich auf seine Beine. Picasso spürte es und sagte: «*Touchez* – fassen Sie an!», was sie in Verlegenheit brachte. Da nahm er ihre Hand und legte sie auf sein Bein. Das war hart wie Stahl. Solche muskulösen Beine muss wohl ein Künstler haben, der mit so schweren und unhandlichen Materialien arbeitet wie Bronze und Stein und Marmor und klobigem Holz, dachte meine Frau. Dabei dennoch so weiche Hände zu behalten, das erschien ihr bemerkenswert. Diese außergewöhnliche Verbindung von Kraft und Sensibilität, die auch seinen Werken ihre so einzigartige Anziehung verleiht, drückte sich in seiner ganzen körperlichen Erscheinung aus.

Picassos Ruhm, vor allem in Amerika, war in den sechziger Jahren in steilem Aufstieg begriffen. Er wurde, ganz gegen seine Absicht, immer mehr zu einem *monument historique.* Nichts verstörte ihn mehr, als Menschen zu begegnen, die nichts zu sagen hatten und die ihn mit den peinlichsten und törichtesten Fragen belästigten. Man wollte ihn wie einen Filmstar fotografieren, man bettelte um sein Autogramm. Er hatte mehr und mehr Mühe, sich des Ansturms von unerwünschten Besuchern zu erwehren. Er wollte, dass man ihn in Ruhe ließ, er wollte sich auf seine Arbeit konzentrieren. *Small talk* enervierte ihn. Als eine echte Plage empfand er die Menschen, die mit fein verpackten Gaben ankamen wie zu einem Geburtstagsbesuch. Er besah sich die Geschenke nie, er wickelte sie nie aus. Die Packungen türmten sich, staubbedeckt, in unordentlichen Stößen in einer Ecke im Atelier.

Überhaupt war die Unordnung in seinem Atelier unbeschreiblich. Er gab strenge Anordnungen, dass nichts angerührt werden dürfe. Er selbst fand sich in dieser Unordnung bestens zurecht. Das Haus, in dem er lebte, war nur sparsamst möbliert. Sitzgelegenheiten gab es kaum. Wenn man etwas besichtigen wollte, tat man es im Stehen oder hockte sich auf den Boden.

Picasso war im Grunde bedürfnislos, und dies noch mehr, seit er in dem milden Klima des Südens lebte. Ich habe ihn praktisch nie in einem Anzug gesehen; eine Krawatte besaß er wahrscheinlich überhaupt nicht. Meist trug er Shorts, der gebräunte Oberkörper blieb frei, die nackten Füße steckten in Sandalen. Wenn es kühler war oder abends, wenn er ausging, trug er Cordhosen und einen Pullover. «Warum», fragte er, «wollen die Leute mir unbedingt etwas mitbringen? Ich brauche doch nichts.»

Einmal zeigte er mir eine Reihe herrlicher Zeichnungen verschiedenen Formats zu einem seiner Lieblingsthemen, dem Stierkampf. Es waren vielleicht zwanzig oder auch dreißig Blätter. Da lagen sie nun wild durcheinander auf dem großen Arbeitstisch ausgebreitet. Als ich Picasso verließ, war ich, wie eigentlich immer nach diesen Besuchen, wie benommen. Und als ich mit meinem kleinen Auto in den Ort hinunterfuhr, zurück zu meinem Hotel in Cannes, hatte ich plötzlich, noch ganz erfüllt von all dem, was ich gesehen hatte, eine Idee. Ich stoppte an einem kleinen Geschäft für Malbedarf, kaufte eine Zeichenmappe aus Pappe, zahlte ein paar Franken, schrieb zwei, drei Zeilen – «*Cher Monsieur Picasso, voici* eine Mappe für die schönen Zeichnungen, die Sie mir zeigten, damit sie nicht beschädigt werden» –, fuhr rasch wieder zurück zu seiner Villa und ließ die Mappe bei seinem Hauswart.

Am nächsten Tag bekam ich einen kleinen Brief von Picasso mit der Skizze eines Mannes, der sich über eine Zeichenmappe beugt, und dazu die Worte «*Merci Berggrune*» – mit der Orthographie meines Namens hatte er immer Schwierigkeiten –, signiert «Picasso». Mit sinnlosen und teuren Geschenken, die sich bei ihm anhäuften und die er sich nie ansah, konnte er nichts anfangen, aber eine bescheidene Pappmappe, die seine Zeichnungen schützen würde, machte ihm Freude.

Ein anderes Mal saßen wir mittags in einer kleinen Gruppe in einem seiner Lieblingslokale von Cannes, bei Felix auf der Croisette. Frankreich war wieder einmal in großen finanziellen Schwierigkeiten, es ging um Inflation und drohende Abwertung. Die Regierung hatte gerade einen neuen 500-Franken-Schein herausgebracht. «Den habe ich noch nicht gesehen», sagte Picasso zu mir, «haben Sie einen dabei?» Picasso studierte die neue Banknote und dann kommentierte er lächelnd: «Sehr interessant. Das ist also der neue Geldschein, 500 Franken. Ich bin der Meinung, man sollte mich zum Finanzminister machen, vielleicht könnte ich das Land aus dem wirtschaftlichen Chaos retten.» Wir sahen ihn alle verwundert an. «Wie?» – «Sehr einfach», sagte er. «Ich bin König Midas. In zwei Sekunden kann ich diesen Schein ins Doppelte verwandeln.» Und damit holte er einen kleinen Bleistift aus der Tasche und in ein unbedrucktes kreisförmiges Feld auf dem Schein zeichnete er blitzartig eine winzige Corrida. «So», sagte er, «jetzt ist der Schein bestimmt das Doppelte wert.»

Am gleichen Abend erzählte ich die Geschichte ein paar Freunden und zeigte die 500-Franken-Note mit der Corrida. Sofort holte einer der Freunde 1000 Franken aus seiner Tasche und übernahm den Schein. Später machte man mir Vorwürfe: Ich hätte eine zu kommerzielle Einstellung, wie konnte ich so geldgierig sein? Wie konnte ich, um rasch 500 Franken zu verdienen – mit denen ich übrigens das Abendessen für alle bezahlte –, eine reizvolle, wenn auch noch so kleine Picasso-Zeichnung hemmungslos für einen schnellen Nutzen hergeben? Ich verteidigte mich energisch. Ich wollte beweisen, dass Picasso Recht hatte. Ein paar Bleistiftstriche von ihm, und schon waren 500 Franken das Doppelte wert. Ein paar Tage später erzählte ich Picasso, was passiert war. Es amüsierte ihn sehr und er gab mir Recht. «Sie sehen», sagte er, «ich könnte wirklich Finanzminister sein.» Und nach einer Weile fügte er hinzu: «Aber ich bleibe doch lieber bei meiner Arbeit», und verschwand im Atelier.

Vielleicht sollte ich Ihnen auch von Miró erzählen. Miró gehörte zu den großen Malern unserer Zeit, der regelmäßig zu mir in die Galerie kam und mit dessen Arbeiten ich verschiedene Ausstellungen machte.

Wenn man sein Werk kennt, seine märchenhaften, spielerischen, phantasiegeladenen Bilder, in denen so viel Poesie steckt, erwartet man, ich jedenfalls, einen Menschen, dessen Aussehen und Art, sich zu geben, diese so höchst persönliche Ausdrucksform reflektieren würde.

Das genaue Gegenteil war der Fall. Man begegnete einem typischen spanischen Kleinbürger. Im Gegensatz zu seinem Landsmann Picasso gab es keine persönliche Ausstrahlung. Miró war still, diskret, unprätentiös, konventionell gekleidet und konventionell in seinen Umgangsformen. Ich hatte Mühe, mir vorzustellen, dass es dieser kleine Mann war, der die Bilder, die man mit dem Namen Miró assoziiert, wirklich gemalt hatte. Seine ganze Phantasie, sein ganzer bemerkenswerter Einfallsreichtum, spielte sich exklusiv auf der Leinwand ab und überhaupt nicht in seinem Auftreten und seinen verbalen Äußerungen. Er war zurückhaltend, einsilbig, freundlich und artig. Er zeigte keine Emotionen.

1956 fand in Aix-en-Provence, der Heimatstadt von Cézanne, anläßlich seines fünfzigsten Todesjahres eine wichtige Retrospektive von Cézanne-Aquarellen statt. Wie viele andere Maler fuhr auch Miró zu dieser Ausstellung. Georges Duthuit, der Schwiegersohn von Matisse, erzählte mir später, wie er Miró auf dem Bahnhof von Aix bei der Rückreise nach Paris traf. Die beiden kannten sich gut – Duthuit, ein prominenter Kunsthistoriker, hatte mehrfach über Miró geschrieben. Sie setzten sich ins gleiche Abteil. Um eine Unterhaltung in Gang zu bringen, beugte sich Duthuit, ein großer starker Mann, nach einer Weile zu dem diminutiven Miró hinunter und sagte: «Also, Joan, was halten Sie von der Cézanne-Ausstellung, die wir gerade gesehen haben?» Da war langes Schweigen und schließlich blickte Miró zu ihm auf und antwortete nachdenklich: «Und Sie?»

Miró hatte Mühe, sich in anderer Form als mit seiner Malerei auf der Leinwand auszudrücken. Aber dort geschah es dann mit einmaliger Verve und Originalität. Im Übrigen war er ein liebenswerter Mann, unerhört gefällig und zuvorkommend.

Ich besitze eine ganze Reihe von Briefen von ihm, sorgsam mit der Hand geschrieben, in eleganter Kalligraphie. Doch diese Briefe sind genauso konventionell, wie er in seinem Auftreten war. «Mon cher ami, comment allez-vous?», schrieb er. Weiter ging es in der Regel nicht. Es sind alles Briefe, in denen effektiv nichts von Bedeutung steht. Was er mitzuteilen hatte, schrieb Miró auf die Leinwand, und das war eigentlich immer großartig.

Im Zeichen des diesjährigen Themas der Berliner Festwochen Von *Frankreich und Deutschland* möchte ich mit Nachdruck, aber auch mit Dankbarkeit berichten,

Vor einem Gemälde Picassos aus den frühen zwanziger Jahren. Picasso war nicht nur ein genialer Maler, er war auch ein hervorragender Techniker. Das Bild ist nicht mit Ölfarben gemalt, sondern ausschließlich mit Sand.

dass ich in Paris als deutscher Händler nie Ressentiments oder etwaigen Einschränkungen begegnet bin; die Franzosen waren von uneingeschränkter Toleranz. Schon viele Jahre vor der Schaffung der Europäischen Gemeinschaft akzeptierte man mich als Teil der Pariser Kunstszene. Meine Verdienste um die Kunst wurden vom Präsidenten Georges Pompidou mit dem Orden der französischen Ehrenlegion belohnt.

Immer wieder wurde ich gefragt, wie ich den Erfolg meines Unternehmens erklären kann, der unter anderem gestattet hat, eine Sammlung aufzubauen, wie man sie jetzt im westlichen Stülerbau sehen kann. Es gibt verschiedene Erklärungen. Zum einen – bitte verzeihen Sie mir, wenn sich das prätentiös anhört – geht es um ein ausgesprochenes Qualitätsgefühl. So wie es Menschen mit einem absoluten Gehör gibt, gibt es auch solche mit dem absoluten Auge, und zu denen gehöre ich wohl. Mit anderen Worten, von Anfang an habe ich mich bemüht, bei meinen Ankäufen als strikte Regel mich exklusiv von der Qualität und nicht von anderen Elementen wie Verkaufschancen oder Zeitmoden leiten zu lassen. Dazu kam, dass ich im Rahmen des Möglichen immer wieder bemüht war, Kunstwerke, die mir wichtig erschienen, nicht rasch wieder eines schnellen Nutzens wegen herzugeben, sondern über Jahre, ich möchte sagen, Jahrzehnte, zu halten, was einer entsprechenden, oft bedeutenden Wertsteigerung entspricht. Aber der materielle Erfolg meiner Galerie in der Rue de l'Université war ganz stark darauf basiert, dass ich mich schon in den fünfziger Jahren auf den Handel mit Originalgraphik prominenter Künstler wie Chagall, Miró, Matisse und vor allem natürlich Picasso spezialisierte. Jedes Jahr gab ich einen Moderne-Graphik-Verkaufskatalog heraus mit einer Original-Lithographie auf dem Umschlag. Diese Kataloge wurden sehr rasch zur «Bibel» des Graphik-Handels, vor allem in Amerika. Vom Finanziellen her war das ein sehr großer Erfolg.

Meinem Erinnerungsbuch, das bei Nicolai erschienen ist, habe ich den Titel *Hauptweg und Nebenwege* gegeben. *Hauptweg und Nebenwege* gehört zu den schönsten Gemälden von Paul Klee. Viele Jahre war es im Besitz einer rheinischen Privatsammlung, jetzt hängt es im Museum Ludwig in Köln. Es ist ein mittelgroßes Tafelbild von 1929, aus der späten Bauhaus-Periode des Künstlers. All die Elemente, die Paul Klee als einen der bedeutendsten Maler des zwanzigsten Jahrhunderts ausweisen, sind in diesem Werk enthalten. Es ist ein weises, verklärtes Bild, dicht an der Grenze zur Abstraktion. Es ist ein magisches Topogramm, das die

Verästelungen des Lebens mit größter Akribie und Sensibilität zugleich aufzeichnet.

Paul Klee gehört zu den seltenen Malern, die, wie auch Kandinsky, ihren Bildern immer eigene Titel gaben. Seine Titel sind nie banal oder zufällig, seine Bilder heißen nie *Frauenakt* oder *Landschaft im Süden* oder *Blaues Stilleben.* In wenigen begnadeten Worten fasste Klee das zusammen, was den Inhalt des entsprechenden Werkes ausmachte. Wenn er das schöne Gemälde, das in Köln hängt, *Hauptweg und Nebenwege* nannte, ist darin alles ausgedrückt, was er mit diesem Bild vermitteln wollte.

Klee war der erste Maler, dessen Œuvre ich als junger Mensch begegnete und dessen Werk einen entscheidenden Einfluss auf mich ausübte. Ich habe Klee immer geliebt und gesammelt. Wenn ich, gewissermaßen als Huldigung an Klee, für das Erinnerungsbuch, von dem ich sprach, den von ihm geschaffenen Titel verwende, so tue ich es nicht nur, weil ich Klee verehre. Ich tue es auch, weil ich diesen Titel *Hauptweg und Nebenwege* als symbolisch und zugleich bezeichnend empfinde für das, was mein eigenes Leben betrifft.

Es war meine Absicht, Ihnen von dem Hauptweg zu berichten, der mich während sechs Jahrzehnten durch die Welt der Kunst geführt hat. Aber ich wollte auch von den zahlreichen Nebenwegen wie auch den Umwegen erzählen, die mich nach allen Seiten hin fort und dann wieder zurückgeführt haben zum Hauptweg der modernen Kunst.

Mein Interesse, meine Passion, galt eigentlich immer nur der *klassischen* Kunst unseres Jahrhunderts. Aber ist die Kunst, die wir auf dem Hauptweg antreffen, nicht immer die klassische?

Die Umstände haben gewollt, dass der Gang über die vielen Wege, die ich beschreiten sollte, nicht immer unkompliziert war. Es gab manche Gefahren, sich zu verlaufen. Ich hätte mich leicht verirren können. Ein innerer Kompass scheint notwendig, um immer wieder zum Hauptweg zurück zu gelangen. Berlin, Toulouse, San Francisco, München, Paris und New York, dann nochmals, diesmal für eine lange Zeit, Paris und ganz zum Schluss wieder Berlin, das waren meine Hauptstationen, und die Nebenwege waren oft verzweigt. Und auf dem Hauptweg gab es oft bleibende Begegnungen: der Mexikaner Diego Rivera, die Spanier Picasso und Miró, der Franzose Matisse.

Ich habe in meinen Erinnerungen und auch Ihnen hier von meiner glücklichen Kindheit und Jugend in Berlin berichtet, von meinem eher schwierigen Bemühen, mich in den USA einzugewöhnen, von meiner journalistischen Tätigkeit in München – endlich wieder in der Muttersprache! –, von bescheidenen Anfängen als Kunsthändler in Paris, von wesentlichen Begegnungen wie denen mit Picasso und Matisse.

Hauptweg und Nebenwege. Ich danke Paul Klee für diesen schönen Titel. Und ich danke dem Schicksal, das es mir gestattet hat, trotz aller Umwege und Nebenwege den Hauptweg zu begehen, der mich über die Jahre durch eine Bildergalerie mit manchen der herrlichsten Werke der modernen Kunst geführt hat.

Jetzt bin ich also wieder in Berlin. Meine Sammlung hängt seit vorgestern in dem prächtigen Stülerbau schräg gegenüber dem Charlottenburger Schloss und vis-à-vis dem Ägyptischen Museum. Ich würde mich freuen, meine Damen und Herren, Ihnen dort im Stülerbau wieder zu begegnen und Ihnen noch mehr von meinen Erfahrungen als Kunsthändler und Sammler zu erzählen.

4. EHRENPROFESSOR DER SENSIBILITÄT?

Der Regierende Bürgermeister von Berlin, Eberhard Diepgen, verlieh mir am 23. April 1997 im Roten Rathaus in Berlin den Titel «Professor e.h.». Wenn ich zu meinem hoch geschätzten Kardiologen im Krankenhaus Moabit gehe, begrüßt mich die Sekretärin stets mit einem ehrerbietigen «Herr Professor». Dann denke ich immer, ich bin doch gar kein «richtiger» Professor, im Gegensatz zu ihrem Chef – aber soll ich ihr das sagen? Die Deutschen haben's halt mit den Respektsbezeugungen.

Sehr geehrter Herr Diepgen,
meine Damen und Herren, liebe Freunde,

der Senat von Berlin hat mir ehrenhalber eine Professur verliehen. Dafür bin ich sehr dankbar. Natürlich macht man sich so seine Gedanken, was diese hohe Ehre rechtfertigen könnte.

Ohne mich in die Höhengrade der Etymologie zu versteigen, wozu ich ohnehin nicht unbedingt qualifiziert bin, möchte ich meinen, dass in der engen Nachbarschaft des Professorenhaften das Professionelle liegt, und da fühle ich mich, auch auf die Gefahr hin, unbescheiden zu klingen, auf festem Grund.

Der Kunsthandel, aber auch das Sammeln von Kunst sind – wie wir wissen – eine heikle Sache. Es braucht nur einer ein paar Bilder an die Wand zu hängen, und schon glaubt er, behaupten zu können: Jetzt bin ich ein Kunsthändler oder jetzt bin ich ein Sammler! Von denen gibt es viele – ja eigentlich zu viele –, und das überall.

Aber es gibt auch solche – erheblich weniger, möchte ich denken –, von denen man sagen kann, sie seien *professionals*, d. h. professionelle, qualifizierte Händler oder auch kenntnisreiche Sammler. Zu denen hoffe ich zu gehören. Mit anderen Worten, die Kunst, mit der ich mich seit einem halben Jahrhundert erst als Händler und nun als Sammler intensiv befasse, die Klassische Moderne, ist ein Teil von mir selbst geworden. Erst war sie meine Profession und jetzt ist sie meine Passion. Und so glaube ich, dass der Titel, den man mir so großzügig verleiht, sinnvoll wird, weil er direkt und unmittelbar zu dem hinführt, was mich seit eh und je am tiefsten beschäftigt, nämlich das Rigorose, das Kompetente, das im besten Sinne Professionelle meiner Sammeltätigkeit.

In Paris ist jetzt, im Frühjahr 1997, eine Retrospektive des großen Fotografen Henri Cartier-Bresson eröffnet worden. Bei dieser Gelegenheit sagte der Künstler in einem Interview der Zeitung *Le Monde*: «Heute ist man Professor von allem, außer der Sensibilität.» Ist es anmaßend, wenn ich dieses Wort von Cartier-Bresson auch auf mich anwende?

Ich möchte annehmen, dass Sie alle, meine sehr verehrten Damen und Herren, den prächtigen, von den Architekten Sattler und Albrecht wieder hergerichteten Stülerbau kennen, in dem meine Sammlung ausgestellt ist.

Vielleicht kann ich heute das sagen, was mir noch nicht bewusst war – wie konnte es auch? –, als Anfang September 1996 die Ausstellung meiner Bilder durch den Bundespräsidenten Roman Herzog eingeweiht wurde: dass nämlich die Menschen, die die Ausstellung besuchen, ausnahmslos bewegt sind von dem, was sie betrachten.

Das mag in erster Linie an der Qualität, an der Aussage der Bilder und Skulpturen liegen, denen die Besucher begegnen. Aber es mag auch, denke ich, mit dem Professionalismus zu tun haben, der dahinter steckt und durch den es gelungen ist, eine Atmosphäre zu schaffen, die als Bereicherung empfunden wird.

Seit Eröffnung der Ausstellung 1996 habe ich, ermutigt durch die Reaktionen der Besucher der Sammlung, bis zum heutigen Zeitpunkt (1997) sechs Neuerwerbungen hinzufügen können, drei Picassos

An einem unordentlichen Schreibtisch zwischen zwei Diego-Giacometti-Lampen bei der Vorbereitung einer Rede, die Sie in diesem Buch lesen

und drei Klees. Wenn alles sich so positiv weiterentwickelt, wie es bisher gegangen ist, sollte auch in Zukunft Platz für neue Schätze sein.

Der frisch gebackene Professor – noch ganz voller Wärme, aber das mag die Aufregung sein – hat ein gutes und ein dankbares Gefühl, wenn er darüber nachdenkt, wie seine Professionalität zur Professur geführt haben mag.

Ich danke Ihnen.

5. BESUCH AUS SAN FRANCISCO

Im Juni 1997 kamen Freunde des San Francisco Museum of Modern Art zu einem Besuch nach Berlin. Es waren ungefähr dreißig oder vierzig Gäste. Mir wurde erzählt, dass alle, mit ganz wenigen Ausnahmen, Millionäre seien. Die Ausnahmen waren *Milliardäre.*

Das internationale Auktionshaus Christie's, das nichts gegen reiche Leute hat, gab ein festliches Abendessen im Hotel Four Seasons in Stadtmitte. Der Chef der Versteigerungsfirma, ein Lord, wie sich das gehört, hielt eine Begrüßungsansprache. Animiert von exquisitem französischen Rotwein, klammerte er sich ans Mikrofon wie an den Segelmast eines Schiffes im Sturm. War er auf dem falschen Dampfer? Er sprach vor allem von englischen Malern des 19. Jahrhunderts und niemand hörte zu. Am Ende klatschten alle gewaltig. Da bekannt war, dass ich in meiner späten Jugend sieben Jahre in San Francisco verbracht hatte, wurde ich gebeten, zu diesem Anlass ebenfalls eine Ansprache zu halten. Ich verfasste sie in Englisch, wie sich das gehört. Zusätzlich finden Sie hier die deutsche Übersetzung.

Many years ago, Ladies and Gentlemen, when John F. Kennedy came to this city, he said: «Ich bin ein Berliner.» Allow me to say to you today, «I am a San Franciscan.» As a matter of fact, in 1936, twenty-two years old, leaving my native Berlin I came to San Francisco to do post-graduate work in Berkeley. And it was in San Francisco that I had my very first contact with modern paintings when I went to visit the San Francisco Museum of Art, now the San Francisco Museum of Modern *Art which at the time was rather awkwardly housed at the old Civic Center.*

To be exposed for the very first time to art of the present was to me a thrilling experience, in fact, it was to have a lasting influence on my entire life. I was, as one should be, immensely impressed by the paintings given to your Museum by Albert Bender and friends and relatives of Gertrude Stein such as Harriett Levy. The then Director of the Museum, the distinguished Grace McCann Morley, gave me, a young and inexperienced foreigner, a job as an assistent curator. My first task was to organize a Diego Rivera show and to write the catalogue.

War came. I was drafted and sent back to Europe on a troop ship. When the war was over and I was demobilized, Grace Morley, the same Grace Morley who had been my boss at the San Francisco Museum and had now been appointed head of the Fine Arts Section at the newly created Unesco in Paris, gave me again a job – as her assistant. After a while, anxious to be on my own, I became an art dealer in Paris and, if I wanted to be pretentious, I'd say the rest is history ...

Actually I ran a gallery on the Left Bank for some forty years and had the chance to meet and frequent many of the *outstanding members of the French art scene, foremost and above all Picasso, but also Matisse, Miró, Chagall, Max Ernst – I must stop bragging. I recently wrote my memoirs, the book is quite a success, unfortunately there is no English edition yet.**

You all, of course, know my son John – who doesn't know John? When he was about 25, he came to Paris from San Francisco, where he was born, and told me that he had decided to become an art dealer in his home town. I thought he was mad and told him so. I told him that in my opinion there wasn't a chance to make it a go as a dealer in San Francisco. The city, much too conservative, would not be receptive to such an undertaking. We argued all day. At a given moment John started to cry. He was desperate that he couldn't convince his father that he was right. Being a stubborn boy, he wouldn't give in and, against my advice, started a gallery on Grant Avenue. It turned out that he was right and that I was dead wrong. I have never been so happy in my life to have been wrong than when John turned out to be successful against all warnings from his father. And I look forward to the day after tomorrow when we shall celebrate his birthday.

And now back to Berlin. Over the years in Paris, I built up a private collection which became quite substantial. I gave a number of Klees – I always loved Klee – to the Metropolitan Museum in New York. I later showed my collection at the Art Museum in Geneva and after that and for five years at the National Gallery in London.

The collection, which comprises more than seventy works by Picasso, is now housed in a fine historic building, the so-called Stülerbau across from the Schloss Charlottenburg.

* Since then, under the title *Highway and Byways*, an English edition has been published by the Pilkington Press in London.

In its strict and elegant classicistic proportions I feel that this building is ideally suited for my collection of classic modern art.

I understand that you will come and visit us tomorrow in the afternoon and I very much look forward to welcoming you there. It all started in your home town, in San Francisco, and now it ends where I was born, here in Berlin. Vive San Francisco, vive Berlin!

Vor vielen Jahren, meine Damen und Herren, als John F. Kennedy in diese Stadt kam, sagte er: «Ich bin ein Berliner.» Gestatten Sie mir heute zu sagen: «Ich bin ein San Franciscaner.» Tatsächlich kam ich 1936, zweiundzwanzig Jahre alt, nachdem ich meine Heimatstadt verlassen hatte, nach San Francisco, um an der Universität in Berkeley weiterführende Studien zu betreiben. Und als ich das San Francisco Museum of Art, das heutige San Francisco Museum of Modern Art, besuchte, welches damals ziemlich unwirtlich im alten Verwaltungsgebäude der Stadt untergebracht war, hatte ich meine erste Begegnung mit Bildern moderner Kunst.

Es war für mich ein aufregendes Erlebnis, als ich zum ersten Mal zeitgenössischer Kunst begegnete, und es sollte tatsächlich einen dauernden Einfluss auf mein ganzes Leben haben. Wie zu erwarten, war ich von den Bildern, die der Sammler Albert Bender sowie Freunde und Verwandte von Gertrude Stein, wie Harriett Levy, dem Museum vermacht hatten, außerordentlich beeindruckt. Die damalige Direktorin Grace McCann Morley gab mir, einem jungen und unerfahrenen Ausländer, eine Anstellung als Kurator. Meine erste Aufgabe bestand darin, eine Ausstellung von Diego Rivera zu organisieren und den Katalog zu schreiben.

Dann kam der Krieg. Ich wurde eingezogen und auf einem Truppenschiff nach Europa geschickt. Als der Krieg beendet und ich aus der Armee entlassen war, gab mir Grace Morley, dieselbe Grace Morley, die meine Chefin im Museum von San Francisco gewesen war, zum zweiten Mal einen Job. Sie war inzwischen zur Direktorin der Kunstabteilung in der neu geschaffenen Unesco in Paris ernannt worden. Ich wurde ihr Assistent. Nach einer gewissen Zeit, als ich den Drang nach Unabhängigkeit verspürte, wurde ich Kunsthändler, und wenn ich prätentiös sein wollte, würde ich sagen – der Rest ist Geschichte.

Jedenfalls leitete ich eine Galerie am Linken Ufer von Paris und hatte so Gelegenheit, vielen bedeutenden Mitgliedern der französischen Kunstszene zu begegnen, vor allem Picasso, aber auch Matisse, Miró, Chagall, Max Ernst – ich muss aufhören zu prahlen. Vor kurzem schrieb ich meine Erinnerungen, das Buch ist ein richtiger Erfolg geworden. Leider gibt es noch keine englische Ausgabe.*

Sie kennen natürlich alle meinen Sohn John – wer kennt John nicht? Als er ungefähr fünfundzwanzig Jahre alt war, kam er aus seiner Geburtsstadt San Francisco nach Paris und sagte mir, dass er beschlossen hätte, Kunsthändler in seiner Heimatstadt zu werden.

* Inzwischen ist unter dem Titel *Highway and Byways*, eine englische Ausgabe in der Pilkington Press in London erschienen.

Ich dachte, er sei verrückt, und sagte ihm das. Ich sagte ihm, dass es meiner Meinung nach überhaupt keine Chance gäbe, in San Francisco als Kunsthändler erfolgreich zu sein, die Stadt sei viel zu konservativ und würde ein solches Unternehmen nie akzeptieren. Wir stritten uns den ganzen Tag. Der Augenblick kam, als John zu weinen anfing. Er war verzweifelt, dass er seinen Vater nicht von seinem Vorhaben überzeugen konnte. Aber John ist ein hartnäckiger Junge, er gab nicht nach und eröffnete gegen meinen Rat eine Galerie in der Grant Avenue. Das Resultat war, dass er Recht hatte, und ich hatte Unrecht. Nie im Leben habe ich mich so darüber gefreut, Unrecht gehabt zu haben, als John es schaffte, gegen alle Warnungen seines Vaters erfolgreich zu sein. Und ich freue mich auf seinen Geburtstag, den wir übermorgen hier feiern werden.

Und jetzt zurück nach Berlin. Während meiner Jahre in Paris trug ich eine Privatsammlung zusammen, die recht bedeutend wurde. Eine Anzahl von Klee-Arbeiten – ich liebte Klee immer sehr – gab ich dem Metropolitan Museum in New York. Später zeigte ich meine Sammlung in Genf und dann fünf Jahre in der National Gallery in London.

Die Sammlung, die mehr als siebzig Werke Picassos umfasst, ist jetzt in einem wunderbaren historischen Gebäude untergebracht, dem so genannten Stülerbau gegenüber dem Charlottenburger Schloss. Ich habe das Gefühl, dass das Gebäude durch seine strengen und elegant-klassizistischen Proportionen einen idealen Rahmen bildet für meine Sammlung Klassischer Moderne.

Wie ich höre, haben Sie die Absicht, uns morgen Nachmittag zu besuchen, und ich freue mich sehr auf diesen Besuch. Alles fing an in Ihrer Heimatstadt San Francisco, und es endet da, wo ich geboren bin, hier in Berlin. Es lebe San Francisco, es lebe Berlin!

6. HONORITIS IST KEINE KINDERKRANKHEIT

Kaum war ich zum Ehrenprofessor ernannt, erhielt ich am 21. Januar 1998 eine zweite Ehrung im Roten Rathaus von Berlin. Im Namen des Bundespräsidenten verlieh mir der Regierende Bürgermeister das Große Verdienstkreuz des Verdienstordens der Bundesrepublik Deutschland. Beinahe hätte ich in letzter Minute abgesagt. Aber wagt man so etwas? Ich war von Bronchitis und Fieber gebeutelt und dankte in angegriffener Verfassung mit einer kurzen Rede. Am liebsten hätte ich darum gebeten, mir zur Gratulation nicht die Hand zu reichen. Es lag nämlich nicht in meiner Absicht, so viele Freunde und Honoratioren anzustecken. Aber das traute ich mich schließlich nicht. Plötzlich hatte ich die erschreckende Vision, dass die Anwesenden wie die Musiker in der wunderbaren Abschiedssymphonie von Haydn einer nach dem anderen verschwinden würden, um meiner unfreundlichen Krankheit zu entkommen. Und so erwähnte ich, angeregt von einer Bemerkung des amerikanischen Botschafters in Paris, eine andere Krankheit, die Honoritis, von der Sie jetzt lesen werden.

Sehr geehrter Herr Diepgen,
meine Damen und Herren,
liebe Freunde,

kürzlich bei einem Interview sagte die Gattin des neuen amerikanischen Botschafters in Paris, Felix Rohatyn, ihr Mann leide jetzt unter *Honoritis.* Ohne mich mit Mr. Rohatyn vergleichen zu wollen, außer dass wir beide aus dem deutschen Sprachraum kommen – er ist in Wien geboren, ich hier in Berlin – und dass wir beide jüdischer Herkunft sind, scheine auch ich von *Honoritis* erfasst zu sein.

Honoritis ist keine Kinderkrankheit – in meinem Fall hat sie mich, wie es so romantisch heißt, im Abend des Lebens erwischt. Im Jahr 1981 beförderte mich der damalige französische Ministerpräsident Raymond Barre zum Offizier der französischen Ehrenlegion, 1988 wurde ich zu einem *Trustee* auf Lebenszeit des Metropolitan Museum in New York ernannt, 1993 machte mich eine der großen Universitäten im Staat New York, Adelphi, zu einem *Doktor honoris causa.* Vier Jahre später, 1997, überreichten Sie mir, lieber Herr Diepgen, eine Ehrenprofessur, und heute, in den gleichen Räumen, nachdem ich inzwischen den Theo-Wormland-Kunstpreis erhalten hatte, wird mir als Krönung der Honneurs von Ihnen, verehrter Herr Diepgen, das Große Verdienstkreuz des Verdienstordens der Bundesrepublik im Namen unseres Bundespräsidenten übermittelt. Das ehrt mich zutiefst, und ich bin von Dankbarkeit bewegt bei dem Gedanken, dass mein Beitrag zur kulturellen

Expansion in meiner Heimatstadt in dieser Weise würdig und großzügig honoriert wird. Sie sehen, meine Damen und Herren, die *Honoritis*, von der Mrs. Rohatyn sprach, kann eine gute Sache sein.

Offizielle Reden, wie wir wissen, haben oft eine Tendenz zur Langatmigkeit. Das möchte ich vermeiden. Aber ich möchte doch, wenn Sie gestatten, mit echter Freude darauf hinweisen, dass meine Sammlung Klassischer Moderne, die im Stülerbau gegenüber dem Ägyptischen Museum in Charlottenburg vor eineinhalb Jahren eingeweiht wurde und seither eine viertel Million Besucher hatte, starke und durchgehend positive Reaktionen hervorrief. Das hatte ich, um offen zu sein, mehr oder weniger erhofft. Es war meine Absicht, durch die Ausstellung meiner Bilder und Skulpturen eine echte Bereicherung der Berliner Kunstszene zu schaffen, und das ist wohl auch gelungen. Der Erfolg hat mich auch darin bestärkt, die Sammlung im Rahmen des Möglichen durch weitere Neuerwerbungen auszubauen und zu vertiefen.

Ich bitte um Nachsicht, meine Damen und Herren, dass ich nicht in Topform bin. Wenn ich anschließend rasch verschwinden werde, rechne ich auf Ihr Verständnis. Ich möchte Sie nicht anstecken mit einer lästigen Bronchitis, der man in Berlin Mühe hat zu entkommen, wenn im Januar der harte Ostwind bläst.

Jetzt aber freue ich mich, meine Damen und Herren, Sie alle hier bei dieser Feier begrüßen zu dürfen, und möchte hoffen, dass ich in den kommenden Wochen und Monaten, so wie in der Vergangenheit, die Freude haben werde, Sie im Stülerbau zu empfangen. Und nochmals und vor allem gilt mein Dank dem Bundespräsidenten, der mir die Ehre einer großen Auszeichnung erwiesen hat.

7. EINE REDE IM STÄDEL

Am 18. Mai 1998 verlieh mir Dr. Hartwig Garnerus als Repräsentant der in München beheimateten Theo-Wormland-Stiftung einen Preis im Städelschen Kunstinstitut in Frankfurt am Main. Theo Wormland war, wie ich erfuhr, ein Sammler, der großzügig eine beachtliche Gruppe von Bildern, vor allem von Max Ernst, der Bayerischen Staatsgalerie Moderner Kunst vermachte. Von der Stiftung wusste ich wenig und fast noch weniger vom legendären Städel, das ich nie zuvor besucht hatte. So erzählte ich von meinem verstorbenen Freund Hans Swarzenski, dessen Vater eine der Lichtgestalten der Frankfurter Museumslandschaft war. Und ich erzählte ebenfalls von Robert von Hirsch, dem großen Mäzen, dem das Städel manchen seiner schönsten Schätze verdankt.

Meine Damen und Herren!

Die Schamröte sollte mir ins Gesicht schießen, wenn ich Ihnen beichte, dass ich bis zum heutigen Tag den Ort, an dem wir uns befinden, nämlich das legendäre Städel, außer von seinem Ruf nicht gekannt habe. Dank der Theo-Wormland-Stiftung, die uns hier vereint und von der ich in diesem Jahr einer der Preisträger bin, ist diese unentschuldbare Lücke, wenn auch spät in meinem Leben, nun endlich gefüllt.

Ich habe darüber nachgedacht, was ich Ihnen erzählen kann, und da habe ich beschlossen, Ihnen von zwei Menschen zu berichten, die im nahen Umkreis, aber auch innerhalb des Städel, ihren eindeutig markanten Platz hatten.

Der eine, ein teurer Freund von mir, den ich vor allem viel sah, als wir beide in Amerika lebten, ist der vor einigen Jahren verstorbene Hans Swarzenski, Sohn des großen Georg Swarzenski. So wie Bode, Tschudi und Friedländer hat Georg Swarzenski, langjähriger, hoch geschätzter Direktor des Städel, maßgebend dazu beigetragen, auf internationaler Ebene den Ruf der deutschen Forschung im Museumswesen nicht nur zu stärken, sondern auf einmalige Höhen zu bringen.

Erst kürzlich kam Georg Swarzenski wieder ins Gespräch, als in New York ein berühmtes Bild von van Gogh, das Porträt des Dr. Gachet, zu dem Rekordpreis von über zweiundachtzig Millionen Dollar versteigert wurde und in den Besitz eines japanischen Sammlers ging. Dieser Sammler, der inzwischen gestorben ist, hatte gedroht, den kostbaren van Gogh mit ins Grab zu nehmen. Das tat er dann aber nicht, doch niemand weiß zur Stunde, wo das Bild geblieben ist. Swarzenski hatte den Mut, das Gemälde 1911 für weniger als sechstausend Mark für das Städel zu erwerben, ein Meisterwerk, das er stolz neben die Bilder von Dürer, Holbein, Rogier van der Weyden und Rembrandt hängte. 1938 wurde dann das Städel, wie alle deutschen Museen, von «entarteter» Kunst, wie es hieß, «gesäubert», und in dieser «Reinigungs»-Aktion sorgte Hermann Göring dafür, dass der großartige van Gogh an einen Sammler in Holland veräußert wurde. Aber das ist eine andere Geschichte.

Mein Freund Hans Swarzenski, von dem ich sprach, war ein Museumsmann wie sein Vater. Er besaß vielleicht nicht die Kennerschaft, die Erudition seines Vaters, aber er hatte eine leidenschaftliche Beziehung zur Bildenden Kunst; er war weltoffen, gesellig, heiter, ironisch und, was nicht auf *alle* Kunsthistoriker zutrifft, ein großer Charmeur. Ich erinnere mich, wie er mir einmal kurz vor seinem Tod erzählte, was ihm auf einer Reise in London passiert war, von der er gerade zurückkam. Er hatte einen prächtigen Abend mit Freunden verbracht, ein köstlicher Bordeaux-Wein, den die Engländer seltsamerweise Claret nennen, hatte dazu beigetragen, die Stimmung zu lockern, und er war nun, in fröhlichster Laune, um es sanft auszudrücken, auf dem Nachhauseweg in sein Hotel, das ganz in der Nähe vom British Museum lag. Wie das Hotel hieß, hatte er vergessen, aber auch den Namen der Straße, in der es lag, wusste er nicht mehr. Er wusste nur, wie gesagt, dass das Hotel direkt neben dem British Museum lag. Er irrte im

Kreis durch die dunklen, menschenleeren Straßen, bis er endlich, schon arg erschöpft, einen Polizisten entdeckte, der gerade um die Ecke kam. Erleichtert ging er auf ihn zu. «Forgive me», sagte er, «can you tell me, where I can find the British Museum?»

«Easy», antwortete der Bobby, «you take the second turn on the right and then it's two hundred yards further up.» – «Thank you so much!», sagte Hans Swarzenski erleichtert und schritt bzw. taumelte los, als ihn der Schutzmann am Ärmel festhielt. «Sorry», sagte der Bobby, «no point going there now, old chap, the British is *closed* at this hour.»

Die andere Geschichte, die ich Ihnen erzählen möchte, meine Damen und Herren, betrifft einen bedeutenden Sammler, der bis zu dem Moment, als er, wie auch ich, ins Exil gehen musste, aber auch später wieder mit dem Städel aufs engste verbunden war, nämlich den Baron Robert von Hirsch. Diese Geschichte habe ich von Gustav Kahnweiler, dem jüngeren Bruder des großen Pariser Kunsthändlers Daniel-Henry oder, wie ihn seine Freunde nannten, Heini Kahnweiler. Gustav Kahnweiler lebte in Frankfurt und stand in freundschaftlichem Verhältnis zu Robert Hirsch.

Als junger Mann arbeitete Hirsch in dem Lederwarengeschäft seines Onkels, der ebenfalls Robert hieß. Eines Tages wurde der Onkel, schon hochbetagt, zu einer Audienz beim Großherzog von Hessen befohlen. «Lieber Herr Hirsch», sagte der Großherzog, «in Anbetracht Ihrer Loyalität und Ihrer in höchstem Maße uneigennützigen Gesinnung, vor allem auch der starken materiellen Hilfe, die sie unserem Staate bei so mancher Gelegenheit angedeihen ließen, habe ich beschlossen, Sie in den Adelsstand zu erheben.» Herr Hirsch machte eine tiefe Verbeugung, und dann erwiderte er: «Welche Ehre. Ich bin Eurer Hoheit zu tiefstem Dank verpflichtet.» Und nach einem Moment des Schweigens fügte er hinzu: «Würden Eure Hoheit mir gestatten, eine kleine Bitte auszusprechen?» Der Großherzog nickte wohlwollend, und Herr Hirsch, ermutigt, aber auch leicht zögernd, fuhr fort: «Ich will alles andere als undankbar erscheinen, aber wenn Eure Hoheit gestatten, möchte ich Eure Hoheit um eine große Gefälligkeit ersuchen. Ich bin ein alter Mann und ich bin kinderlos. Dagegen habe ich einen Neffen, der wie ich Robert heißt. Er ist mir wie ein eigenes Kind. Er ist jung und enthusiastisch und in seinem Herzen ist er in der allerreinsten Weise und mit viel Kenntnis und Begeisterung den Schönen Künsten zugewandt. Anstatt mir die Ehre anzutun, mich zu adeln, wäre ich von höchstem Glück erfüllt, wenn Eure Hoheit statt mir meinem Neffen den Adelstitel verleihen würden.»

Und so geschah es. So ist der junge Robert Hirsch, meinem Freund Gustav Kahnweiler zufolge, als Baron Robert von Hirsch in die deutsche Kulturgeschichte eingegangen.

Meine Damen und Herren, ich habe versucht, aus dem Umkreis des prestigiösen Städel das mitzuteilen, was ich weiß. Es ist zugegebenerweise wenig. Es ist rein anekdotisch und hat mit Kunstgeschichte kaum etwas zu tun. Als geborener Berliner, der nun wieder in seiner Heimatstadt zu Hause ist, könnte ich Ihnen sicher mehr über Berliner oder berlinische Zusammenhänge erzählen. Aber das tun wir vielleicht lieber ein anderes Mal, wenn sich die Gelegenheit ergibt, Sie in Berlin begrüßen zu dürfen.

Inzwischen wünsche ich dem Städel viel Glück und Ihnen, Herr Dr. Garnerus, als Repräsentant der Theo-Wormland-Stiftung, möchte ich im Namen der Preisträger meinen herzlichen Dank dafür aussprechen, dass Sie in so großzügiger Weise unsere Bemühungen unterstützen, die Impulse in der Kunstszene wach zu halten und zu stärken.

Und als echter Berliner sage ich Ihnen zum Schluss: Auf recht bald und tschüs!

8. EIN SOMMERSTRAUSS VON SECHSUNDDREISSIG KLEE-BILDERN KOMMT AUS NEW YORK

Im Jahr 1988 schenkte ich meine damalige Sammlung von neunzig Klee-Bildern dem Metropolitan Museum in New York. Inzwischen – die Katze lässt das Mausen nicht – arbeite ich an einer neuen Sammlung des großen Berner Magiers und kann stolz berichten, dass derzeit (1998) sechsundvierzig Arbeiten im Stülerbau in Berlin zu sehen sind.

Im Juni 1998 kamen von den neunzig Klee-Bildern aus New York sechsunddreißig, zumeist Aquarelle und Gouachen aus den zwanziger Jahren, nach Berlin und wurden in der Schlossstraße in Charlottenburg präsentiert. Dies gab mir Gelegenheit, bei Eröffnung der Ausstellung am 3. Juni 1998 über meine Beziehung zu Klee zu sprechen.

Meine Damen und Herren,

alles fing mit Klee an – ich meine damit meine Tätigkeit als Sammler. Als ich Ende 1936, zweiundzwanzig Jahre alt, aus Berlin nach Amerika kam, kannte ich Paul Klees Werk überhaupt nicht. Ich war flüchtig vertraut mit den bissigen Zeichnungen von George Grosz und den russische Märchen ausbreitenden Aquarellen von Chagall, aber von Klee wusste ich gar nichts. Die ersten Bilder von ihm sah ich in San Francisco im Museum, das der Moderne gewidmet ist. Die Welt des großen Berner Malers zog mich sofort in ihren Bann. Und kurz darauf, bei einem Aufenthalt in Chicago, konnte ich der Versuchung nicht widerstehen, ein erstes Bild von Klee zu erwerben, das damit zum Grundstein meiner Sammlung wurde. Es kostete 100 Dollar und das war damals viel Geld für mich, aber ich *musste* es haben. Es war ein zartes, subtiles, kleinformatiges Aquarell von 1921, betitelt *Perspectiv-Spuk*. In seiner Versponnenheit und leisen Melancholie erinnerte es mich an Franz Kafka, mit dessen Werk ich mich damals beschäftigte.

Perspectiv-Spuk wurde mein ständiger Begleiter, mein Beschützer, mein Talisman. Ich nahm es überallhin mit. Auch später, 1942, als ich in die amerikanische Armee eingezogen wurde und zwei Jahre danach als Soldat nach Deutschland kam, trug ich es bei mir im Tornister. In den Erinnerungen von Walter Benjamin las ich, dass es ihm mit Klee ähnlich ging. In der gleichen Kunsthandlung Goltz in München, in der mein Aquarell ursprünglich ausgestellt

Bewegung im Stülerbau. Nach der Eröffnung 1996 kamen in den ersten drei Jahren 500000 Besucher.

war, hatte Benjamin ein wunderschönes Klee-Bild aus derselben Epoche, *Angelus novus*, erworben, das er, so wie ich, überallhin mittrug, von München nach Berlin, von Berlin ins Exil nach Frankreich, und erst der Tod hat ihn von dem so geliebten Bild getrennt. Klee als Talisman, das gehört zu der magischen Kraft dieses wunderbaren Künstlers, dessen silbriger, mozartscher Humor uns immer wieder fasziniert.

Perspectiv-Spuk, meine Ersterwerbung, war bei den neunzig Arbeiten von Klee dabei, die ich in den frühen achtziger Jahren dem Metropolitan Museum of Art in New York vermachte und von denen Sie heute hier im Stülerbau eine Auswahl von sechsunddreißig Ölbildern und Aquarellen sehen werden. Leider gehört *Perspectiv-Spuk* nicht dazu – aus konservatorischen Gründen konnte dieses Bild nicht geschickt werden.

Sie werden fragen: Wie kam es zu dieser amerikanischen Schenkung? Warum überließ ich meine damalige Klee-Sammlung einem Museum in New York? Es gibt eine Reihe von Erklärungen, die ineinander gehen. In den Jahren, in denen ich als Kunsthändler in Paris in regelmäßigen Abständen immer wieder Klee-Ausstellungen veranstaltete, war mir die Begeisterung aufgefallen, mit der gerade die amerikanischen Besucher auf die Ausstellung reagierten.

War es möglicherweise das Bedürfnis, aus einer sehr materialistischen Welt zu flüchten in eine andere, subtilere, geheimnisvolle Atmosphäre, die der Phantasie freien Lauf lässt und verborgene, innere Impulse freimacht?

Ich hatte die Vorstellung, an prominenter Stelle – und was konnte prominenter, professioneller und prestigiöser sein als das Metropolitan Museum in New York? – eine Art von Klee-Zentrum zu schaffen. In Europa, schien mir, war Klee großzügig vertreten, vor allem in der bedeutenden Klee-Stiftung in Bern, aber auch an anderen Stellen wie, dank Werner Schmalenbach, in der Kunstsammlung Nordrhein-Westfalen wie auch dem Lenbachhaus in München oder dem Sprengel-Museum in Hannover.

Die für die klassische Moderne zuständige Kuratorin im Met, Sabine Rewald – wir haben das Glück, sie heute bei uns zu haben, und ich begrüße sie herzlichst –, gab meinen Plänen ihre volle Unterstützung und hat vor allem einen großartigen Katalog erarbeitet, der nicht nur die neunzig Werke meiner Schenkung farbig abbildet und ausführlich dokumentiert, sondern auch weitere hochinteressante Beiträge enthält wie vor allem ein langes Interview mit Felix, dem inzwischen verstorbenen Sohn von Paul Klee. Dieser wichtige Katalog war seit vielen Jahren vergriffen. Auf einer kürzlichen Reise nach New York habe ich eine Neuauflage anregen können, die jetzt in unserer Museumsbuchhandlung erhältlich ist.

Die Arbeiten, die Sie sehen werden, stammen zumeist aus den zwanziger Jahren, also der Zeit, als Klee am Bauhaus, erst in Weimar, dann in Dessau, tätig war – eine Epoche seines Schaffens, die ich besonders schätze. Das Echo damals, also in den zwanziger Jahren, war eher bescheiden. Zu denen, die früh die Bedeutung Klees erkannten, gehörten vor allem auch die französischen Surrealisten, Dichter wie Tristan Tzara, André Breton und Paul Eluard. Der Schriftsteller René Crevel nannte Klees Welt *le musée des rêves*, das Museum der Träume. Das war es und das ist es geblieben. Klee nimmt uns sanft bei der Hand, führt uns in sein Traum-Universum und verzaubert uns.

Als ich nach dem Krieg – ich hatte mich inzwischen in Paris als Kunsthändler etabliert – gelegentlich nach New York kam, lernte ich die deutschen Händler kennen, die Sabine Rewald zu Recht als die drei «Klee-Musketiere» bezeichnet: I. B. Neumann, Karl Nierendorf und Curt Valentin. Alle drei von professioneller Lebendigkeit bemühten sich erfolgreich, Klee den amerikanischen Sammlern zu vermitteln. Neumann, der mit großen, traurigen Schlafzimmeraugen eine kindlich-naive, romantische Seite hatte, sah sich als den König der Klee-Händler. Eines Tages sagte er zu mir, mit todernstem Gesicht: «Mein lieber Heinz, ich habe beschlossen, dich zu meinem Thronfolger zu machen. Du bist jetzt *Henry the First* – der Kronprinz.» Ich dankte Neumann von Herzen, sagte ihm aber auch, ich wüsste nicht, ob ich seiner Ernennung würdig sei, vielleicht sollte ich eher sein Statthalter in Paris werden, und fuhr zurück in meine geliebte Galerie am linken Ufer der Seine.

In ihrem Beitrag über Klee in Amerika im Katalog zur heutigen Ausstellung zitiert Sabine Rewald aus dem unveröffentlichten Manuskript von I. B. Neumann, das im Museum of Modern Art in New York aufbewahrt wird, eine Beschreibung Klees, die ganz dem Bild des großen Malers entspricht, wie man sich ihn vorstellt. «Von allen Künstlern, die ich in meinem Leben kennen lernte», schreibt Neumann, «war Klee sicherlich der bescheidenste. Er bat nie um eine Ausstellung. Er sprach nie von seiner Arbeit. Er bot nie etwas zum Verkauf an. Er sprach selbst wenig, sondern gab immer anderen Gelegenheit zu sprechen. Er lächelte nur, auf eine überaus freundliche Art. Wenn man ihn bat, ein Bild zu erklären, sagte er für gewöhnlich: Schau es dir an! »

Klee ist viel zu früh, 1940, mit sechzig Jahren in der Schweiz gestorben. Ich war damals in Amerika und bin ihm, hélas, nie begegnet. Aber ich hatte das Glück, sehr jung schon seinem *Werk* zu begegnen. Dieses Glück, meine Damen und Herren, möchte ich heute mit Ihnen teilen.

Von meiner Schenkung an das Metropolitan Museum sind sechsunddreißig Arbeiten von Klee jetzt hier für die nächsten viereinhalb Monate ausgestellt – genau bis zum 18. Oktober. Sechsunddreißig: Das ist seltsamerweise die gleiche Anzahl von Klee-Werken in meiner Berliner Sammlung, die nach der Rückkehr der New Yorker Arbeiten im Herbst wieder ihren alten Platz im Stülerbau finden werden.* Ich möchte Ihnen vor allem von der letzten Neuerwerbung erzählen, die seit heute Morgen im 2. Obergeschoss zu sehen ist. Es handelt sich um ein großformatiges, in gelben Tönen leuchtendes und sehr heiteres Aquarell aus meiner Lieblingsepoche bei Klee, nämlich den Jahren, in denen er im Bauhaus, erst in Weimar, dann in Dessau, tätig war. Das Bild stammt aus dem Jahr 1924, es ist betitelt *Karge Worte des Sparsamen.* Ich habe es ganz kürzlich erwerben können, und zwar aus dem Nachlass des amerikanischen Verlegers James Laughlin, des Herausgebers von *New Directions*, einer seinerzeit hoch geschätzten literarischen Zeitschrift in den Vereinigten Staaten.

Als junger Mensch, etwa zur gleichen Zeit, als ich meinen ersten Klee, den *Perspectiv-Spuk*, erwarb, schickte ich Laughlin, den ich nicht kannte und auch später persönlich nie kennen lernte, meine Übersetzung von zwei Kafka-Geschichten, die er dann auch veröffentlichte.

Kafka, damals, war praktisch noch völlig unbekannt in Amerika. Für mich bedeuteten Kafka und Klee den Einstieg in eine neue, faszinierende, geheimnisvolle Welt. Und wie seltsam, dass ich jetzt, fünfzig Jahre später, die Beziehung zu den beiden

* Inzwischen ist diese Sammlung im Stülerbau auf neunundvierzig Arbeiten angewachsen.

wieder verknüpfe, indem ich meine Klee-Sammlung durch ein Werk aus dem Besitz eines Menschen bereichere, zu dem ich vor einem halben Jahrhundert eine Verbindung über Kafka hatte.

9. ICH BIN KEIN KUNSTHISTORIKER

Die Berliner Gemäldegalerie, in vieler Hinsicht den großen Museen in London, Paris und Madrid vergleichbar, wurde 1998 nach jahrelangem Dornröschenschlaf in Dahlem zu neuem Leben im Zentrum von Berlin erweckt, nämlich im Kulturforum nahe dem Potsdamer Platz. Man bat mich, zur Eröffnung eine Festansprache zu halten. Ich lehnte ab. Ich erklärte, dass dafür andere wesentlich qualifizierter seien. Zwar kenne ich mich auf dem Gebiet der Klassischen Moderne aus, habe aber nicht die Kompetenz, einen wesentlichen Beitrag zur großen Kunst der alten Meister zu leisten. Um nicht ganz unbeugsam zu erscheinen, sagte ich konziliant, ich wäre bereit, ein «Grußwort» zu sprechen. Damit war man einverstanden.

Dann kam der Eröffnungstag. Mit Entsetzen las ich in der Einladung: «Festansprache Prof. Dr. Heinz Berggruen». Was tun? Absagen? Von Vertragsbruch sprechen? Endlosen Streit und Ärger produzieren? Nichts von alledem. Ich trug ganz einfach mein bescheiden vorbereitetes «Grußwort» vor. Die Teilnehmer der Veranstaltung meinten, es sei eine Festrede.

Meine Damen und Herren,

ich glaube, ich habe eine gute Nachricht für Sie. Festreden, Festansprachen dauern in der Regel zwischen dreißig Minuten und anderthalb Stunden, manchmal sogar noch länger. Meine Rede, die ursprünglich nur als «Grußwort» gedacht war, wird, wenn meine Berechnung stimmt, eine Viertelstunde nicht überschreiten. Ist das nicht eine gute Nachricht? Und nun zum Thema.

In meinen Erinnerungen, die vor knapp zwei Jahren veröffentlicht wurden und die *Hauptweg und Nebenwege* heißen, erzähle ich von meiner Kindheit und Jugend im Berliner Elternhaus in Wilmersdorf. Wir wohnten in der Konstanzer Straße zwischen dem Olivaer Platz und dem Preußenpark. Meine Eltern führten ein bürgerliches Leben, in dem die Kunst nicht mit einem großen K geschrieben wurde. Man ging zwar gelegentlich ins Theater oder in die Oper, *Tosca* und *Rigoletto* standen hie und da auf dem Programm, aber Museumsbesuche gab es nicht. In der «guten Stube», die man mit großstädtischem Ehrgeiz als «Salon» bezeichnete, hing als einzige Beziehung zur Malerei eine farbige Reproduktion des berühmten Bildes aus dem Kaiser-Friedrich-Museum *Der Mann mit dem Goldhelm.* So wie die *Mona Lisa* im Louvre gehörte das Gemälde des finster dreinschauenden Kriegers damals zu den Ikonen der Weltkunst. Dass viele Jahre später eine intensive Rembrandt-Forschung dieses Bild zu einem Werk aus dem *Umkreis* von Rembrandt herabstufte, erschien unvorstellbar.

Der Mann mit dem Goldhelm ist nun nicht mehr ein Werk des großen holländischen Meisters aus dem 17. Jahrhundert, aber diese Erkenntnis tat meiner Begeisterung, die sich langsam für die bildende Kunst entwickelte, keinen Abbruch. Mit Ihnen allen, meine Damen und Herren, bin ich glücklich, dass hier am Kemperplatz das alte ehrwürdige Kaiser-Friedrich-Museum in neuer, strahlender Form als Großteil der Gemäldegalerie aufersteht; ich freue mich, dass Ost und West im Bereich der abendländischen Kunst nun wieder in altem Glanz beieinander sind. Im Reigen der großen europäischen Museen, neben dem Prado und dem Louvre, neben der Pinakothek in München und der Eremitage in St. Petersburg, nimmt die neue Berliner Gemäldegalerie würdig und ehrenvoll ihren Platz ein.

Meine Damen und Herren, ich bin kein Kunsthistoriker und kein Museumskurator. Kompetentere als ich haben uns heute Abend mit der Bedeutung im kunstgeschichtlichen Sinn dieses eindrucksvollen Hauses, in dem wir uns befinden, vertraut gemacht. Als Laie, als dezidierter Sammler, wenn auch auf einem anderen Gebiet, nämlich dem der Klassischen Moderne, kann ich nur sagen, wie sehr mich die Reichheit und Vielfalt beeindrucken, die bei dem Rundgang der schönen Räume von den Wänden zu uns spricht.

Und der Bau selbst? Es liegt mir am Herzen, Ihnen heute Abend von der Architektur des Gebäudes zu sprechen. In seiner Strenge und bewussten Zurückhaltung mag das Gebäude den einen oder anderen als gesichtslos befremden. Wir wissen, dass in der zeitgenössischen Architektur die modische Tendenz besteht, Museumsbauten als Architekturmonumente, gewissermaßen als *l'architecture pour l'architecture* im Sinne von *l'art pour l'art*, zu gestalten – man denke nur an das neue dramatische Guggenheim-Museum in Bilbao oder an das kürzlich eröffnete Museum in San Francisco, das ebenfalls der modernen Kunst gewidmet ist. Einer solchen Versuchung haben die Architekten Heinz Hilmer, Christoph Sattler und Thomas Albrecht, die die neue Gemäldegalerie geschaffen haben, erfolgreich widerstanden. Mit eindeutigem Sinn für das Wesentliche, nämlich einen adäquaten Rahmen zu schaffen für einen Inhalt höchster Qualität, haben sie mit großer Zurückhaltung und gleichzeitiger Strenge die architektonischen Elemente vereint, welche die Kunstwerke harmonisch im Vordergrund belassen und in keiner Weise von ihnen ablenken. Vergleichsweise möchte ich an das Einrahmen eines Gemäldes denken. Der Rahmen soll nicht durch Ver-

In der Rotunde des Stülerbaus vor einer frühkubistischen Skulptur von Picasso. Das Gebäude mit seinem Rundgang wurde von August Stüler, einem Schüler des großen Schinkel, vor 150 Jahren errichtet. War das eine Anregung für Frank Lloyd Wrights berühmtes Guggenheim-Museum?

schnörkelungen, unnötigen Pomp oder sonstige vermeintliche Originalitäten das Bild in den Hintergrund drängen oder sogar erdrücken. Durch seine diskrete, eindeutige Klarheit soll der Rahmen voll und ganz das Bild in seiner eigentlichen Bedeutung auf uns einwirken lassen. Und das ist hier in der architektonischen Gestaltung der Neuen Gemäldegalerie geschehen. Ich darf vielleicht hinzufügen, dass dieselben Architekten, die die Neue Gemäldegalerie errichteten, für die Herstellung des Stülerbaus in Charlottenburg, in dem meine *Picasso und seiner Zeit* gewidmete Sammlung gezeigt wird, die gleiche kluge Einsicht demonstrierten.

Das arg zerstörte Berlin wird wieder aufgebaut. Die gewaltige Baustelle, als die uns diese Stadt immer noch entgegenkommt, verwandelt sich langsam, fast zu hastig, möchte man zuweilen meinen, in die Metropole, von der die meisten träumen. Dass man dabei bemüht ist, auf der Ebene der Kulturbetreuung nichts zu versäumen, um auf dem Gebiet der bildenden Kunst wieder das zu erschaffen, was vor der Nazinacht zum weltweiten Prestige dieser großen Stadt beitrug, erfüllt mich mit tiefer Genugtuung. Hier im Kulturforum, zwischen der Philharmonie, der Neuen Nationalgalerie und dem Kupferstichkabinett, ist jetzt zu neuem Leben die Berliner Gemäldegalerie erstanden, und dafür sind wir alle dankbar.

10. VON DEN TRÄNEN DER DORA MAAR UND IHREN GRÜNEN FINGERNÄGELN

Dora Maar, die exzentrische Geliebte Picassos während der Kriegsjahre, starb 1997 in Paris in ihrem neunzigsten Lebensjahr. Vierzig Jahre zuvor (1957) hatte ich Bilder von ihr, zumeist Landschaften, in meiner Galerie in der Rue de l'Université ausgestellt. Die Bilder verkauften sich gut, sie waren nicht teuer, und die reizvolle Malerin, wenn auch damals schon von Picasso getrennt, hatte viele Freunde und Verehrer. Ich sah Dora Maar noch einmal einige Monate bevor sie starb, und sie überließ mir eine hochinteressante Arbeit Picassos von 1934, also aus der Zeit, in der er den Surrealisten nahe stand.

In der Einführung einer Reihe von Neuerwerbungen im Stülerbau am 15. Januar 1998 wies ich vor allem auf Picassos bewegenden, großformatigen *Liegenden Akt* von 1942 hin, dessen Modell Dora Maar war. Picasso empfand dieses Aktbild in seinen grauen und braunen Tönen und der Härte und Intensität des Duktus gleichzeitig als ein Symbol für die Schrecken des Krieges. Das Gemälde ist zweifellos die wichtigste Bereicherung im Stülerbau seit der Eröffnung der Ausstellung *Picasso und seine Zeit* im September 1996.

Nach dem Tode Dora Maars erwarb ich in einer viel beachteten Nachlassauktion ein Gemälde Picassos aus dem Jahr 1936. Es war eines der ersten Porträts von Dora Maar, dem eine Reihe anderer aufregender Bildnisse seiner Geliebten folgen sollte, wie das Gemälde der Frau im gelben Pullover von 1939, das ebenfalls im Stülerbau hängt und zu den Lieblingsbildern der Besucher gehört. Das Werk aus dem Nachlass, das ich erwarb – ich kannte und schätzte es seit Jahren –, war unter dem Titel *Dora Maar mit grünen Fingernägeln* berühmt. 1936 war die Vorstellung einer Frau mit grün bemalten Fingernägeln schockierend. Inzwischen sind über 60 Jahre vergangen, und wie ich höre, sind bunte Nägel dieser Tage bei vielen jungen Damen sehr en vogue. So war Picasso (mit Dora Maar) auch in dieser Hinsicht ein bemerkenswerter Vorläufer.

Als man in Charlottenburg in der Nähe des Stülerbaus hörte, ein Fremder, Unbekannter käme, um mit seinen Bildern in die Antikensammlung einzuziehen, die auf die Museumsinsel verlegt werden sollte, war man zunächst skeptisch und misstrauisch. Was würden das für Bilder sein, die da kommen sollten? Wie würde man mit dieser unbekannten Sammlung leben können? Aber schon im Vorfeld der Ausstellung haben sich die Wogen der Skepsis geglättet. Man spürte, dass die Sammlung der Klassischen Moderne, mit der ich einziehen sollte, eine eindeutige Bereicherung der Berliner Kunstszene bedeuten würde. Als dann Anfang September 1996 die Sammlung eröffnet wurde, standen in den ersten Monaten die Menschen Schlange, oft in Regen und Schnee, um teilzuhaben an dem Erlebnis einer Sammlung, die vieles ausdrückte, was ihnen jahrelang, nein: jahrzehntelang, vorenthalten worden war.

Für mich war das mehr als eine Genugtuung. Ich genoss mit Freude, dass das, was ich geplant hatte, im Vollen seine Verwirklichung erfuhr. Ich schwebte wie auf einer Wolke. So möchte ich auch ganz offen bekennen: Glücklich macht es mich schon, dass meine Sammlung so gut angekommen ist – bei über 200 000 Besuchern in den ersten zwölf Monaten seit der Eröffnung.

Dieser Tage wird sehr viel über den Sinn, vor allem die Aufgabe, eines Museums in heutiger Zeit diskutiert. Die Frage wird gestellt, ob ein Museum in seiner traditionellen Form den Ansprüchen des Zeitgeistes an der Schwelle des dritten Jahrtausends entspricht. Persönlichkeiten wie Thomas Krenz, der Direktor des Guggenheim-Museums in New York, der sein Museum wie ein multinationales Wirtschaftsunternehmen führt – kann man von einem «krenzenlosen» Expansionsdrang sprechen? –, bestehen auf Globalisierung des Museumswesens. Im Gegenzug wird kritisch und skeptisch von amerikanischem Kulturimperialismus gesprochen. Die Pop Art, die aus Amerika kommt, sei eine Art kulturelles *fast food*, welches die Welt überflutet. Die Kunstbetrachtung in den europäischen Satelliten würde mcdonaldisiert. Warum, fragen viele, muss nun im spanischen Baskenland statt einheimischer Kunst von Velazquez und Murillo über Goya bis zu Picasso, Juan Gris und Miró das präsentiert werden, was dem exklusiv an zeitgenössischer amerikanischer Kunst ausgerichteten Geschmack von Herrn Krenz und seinen Mitarbeitern entspricht. Guggenheim in Bilbao, Guggenheim in Venedig, Guggenheim Unter den Linden in Berlin (Salzburg hat anscheinend nicht geklappt) – ist das die neue Formel einer globalen Museumsphilosophie? Braucht man wirklich all die vielen Guggenheim-Niederlassungen in Europa?

Eines leuchtet mir ein und das empfinde ich auch als wesentlich: Ein Museum soll zwar, seinem Logos entsprechend, in erster Linie den Musen gewidmet sein, es soll aber auch nicht erschlaffen und erstarren. Ein Museum ist kein Mausoleum. Es soll wach und lebendig bleiben. Es darf nicht in ermüdende Statik verfallen. Zugleich mit der Konservierung des Bestehenden soll es neue Impulse schaffen. In diesem Sinne war es immer meine Absicht, so weit wie möglich durch Ergänzungen und Neuerwerbungen den Charakter der Sammlung zu verändern, sprich: zu bereichern. Lücken sollen gefüllt werden, eine Dynamik soll man eindeutig spüren.

Seit der Eröffnung der Ausstellung meiner Sammlung im September 1996 ist zu dem ursprünglichen Bestand von einhundertdreizehn Werken eine Reihe neuer Arbeiten hinzugekommen, vor allem von Picasso und Klee, aber auch mehrere von Matisse – für mich der größte französische Künstler des 20. Jahrhunderts –, der bisher im Stülerbau nicht vertreten war. Zweifellos das bedeutendste Bild unter den Neuerwerbungen ist der großformatige *Liegende Akt* von Picasso aus dem Jahre 1942. Dieses überwältigende Gemälde stammt aus der Sammlung des New Yorker Ehepaars Victor und Sally Ganz. Im November 1997 wurde das Bild bei Christie's in der Aufsehen erregenden Ganz-Auktion – ich nenne sie gerne eine «Glanz»-Auktion – versteigert. 25 000 Menschen waren zur Vorbesichtigung gekommen. Die Auktion selbst begann an einem Abend um 19 Uhr. Eine Stunde vorher war der Hauptversteigerungssaal bis auf den letzten Platz besetzt und Hunderte von Menschen drängten sich auf den Gängen und hinter den Sitzen, um dabei zu sein. Während der Versteigerung herrschte atemlose Stille, nur unterbrochen von den Ausrufen des Auktionators und dem strengen Aufschlag seines Hammers, wenn ein Los zugeschlagen wurde. Das berühmte Picasso-Bild *Der Traum* brachte fast fünfzig Millionen Dollar. Als Picassos *Liegender Akt* ausgerufen wurde, schlug mein Herz schneller, und meine beiden Söhne, die neben mir saßen, senkten die Köpfe vor Aufregung. Ich blieb standhaft beim Bieten, und als der Hammer fiel, wusste ich, dass dieses herrliche Gemälde mir gehörte. «Kommt das Bild nach Berlin?», fragten mich die Journalisten. Ich sagte Ja.

Der Kunsthistoriker John Richardson, der an einer bedeutenden Monumentalbiographie von Picasso arbeitet – die ersten beiden Bände dieses großartigen Werkes sind schon erschienen –, berichtet, dass Picasso, als man ihn 1965 fragte, ob er mit dem *Liegenden Akt* den Krieg symbolisieren wollte, antwortete, dies sei nicht seine Absicht gewesen, aber der Krieg hätte alles durchdrungen, was er während der Besatzung malte. Den Krieg, so kommentiert Richardson, spüre man in der Tat eindeutig in dieser Darstellung einer nackten, durchgepeitscht wirkenden Dora Maar (Picassos Geliebte in den Kriegsjahren), eingezwängt in einen Raum, düster und kahl wie eine Gefängniszelle. «Bei diesem Bild», schreibt Richardson in einer Hommage an das Sammlerehepaar Ganz, «geht es um die Agonie des Eingesperrtseins, nicht nur Picassos und Doras, sondern der Welt.» Die Tränen Doras in Picassos Bild seien die Tränen der Menschheit.

Richardson ist der Meinung, dass dieses Dora-Maar-Bild eindringlicher und intensiver die entsetzlichen Schrecken des Krieges zum Ausdruck bringt als das *Charnel-House* (Beinhaus), welches das Museum of Modern Art in New York vor einigen Jahren erworben hat. Ich selbst bin tief bewegt, dass dieser aufregende Kriegs-Akt der Dora Maar nun seinen Platz in meiner Sammlung gefunden hat. Durch seine Erwerbung und Ausstellung wurde eine neue Dimension geschaffen, ein neuer und starker Akzent gesetzt. Und die Besucher im Stülerbau werden, meinen Hoffnungen entsprechend, um vieles bereichert die Ausstellung erleben, die ich in Berlin Picasso und seiner Zeit gewidmet habe.

11. «ICH BEKENNE MICH ZUM DEUTSCHLAND DER AUFKLÄRUNG»

Der Kreis schließt sich. Nach einer anfangs unfreiwilligen Abwesenheit von über sechzig Jahren kehrte ich in meine Heimatstadt Berlin zurück.

In meinen Lebenserinnerungen *Hauptweg und Nebenwege* erzähle ich von einem guten, inzwischen verstorbenen Freund, Ernst Stiefel, der ein dem meinen ähnliches Schicksal hatte und einmal sagte: «Man kann einen Menschen aus seiner Heimat vertreiben, aber nicht die Heimat aus dem Menschen.» Das ist ein kluger Satz. So hat man auch mir die Heimat nie nehmen können, aber jetzt hat die Heimat mich wieder.

Der Altbundeskanzler Helmut Schmidt hatte mich, zusammen mit dem Physiker Heinz Bethge, im Namen der Deutschen Nationalstiftung mit dem Nationalpreis geehrt. Ein Jahr zuvor wurde der von mir hoch geschätzte Wolf Biermann mit dem gleichen Preis bedacht. So hatte ich einen ehrwürdigen Vorgänger und das gefiel mir.

Helmut Schmidt war wegen Krankheit verhindert, am Festakt im Berliner Rathaus teilzunehmen, und so wurde er von Professor Biedenkopf, dem Ministerpräsidenten von Sachsen, vertreten. In meiner Dankesrede auf die Laudatio von Staatsminister Michael Naumann wollte ich ein Fazit ziehen. Das Fazit eines in Berlin geborenen Menschen jüdischer Herkunft, der mit zweiundzwanzig Jahren seine Heimat verließ, um erst in Amerika, dann in

Frankreich ein neues Leben aufzubauen, und der dann als 82-jähriger heimkehrte in die Stadt, in der er geboren wurde und in der er als junger Mensch all die Impulse empfangen hatte, die für sein späteres Leben von entscheidender Bedeutung sein sollten. In meiner Rede sagte ich, ich wolle Deutschland nicht abhaken, ebenso wenig, wie andere die Tragödie von Auschwitz abhaken sollten.

Sehr geehrter Herr Bundespräsident,
sehr geehrter Herr Prof. Biedenkopf,
sehr geehrter Herr Dr. Naumann,
meine Damen und Herren,

es ist mir ein Bedürfnis, an dieser Stelle dem Altbundeskanzler Helmut Schmidt respektvoll meine herzlichsten Wünsche für eine gute und rasche Rekonvaleszenz zu übermitteln. Es war Helmut Schmidt, der mir vor einigen Monaten mitteilte, dass dem Physiker Heinz Bethge und mir der Deutsche Nationalpreis für 1999 verliehen werden sollte. Dies geschah zu einem Zeitpunkt, als man in der deutschen Öffentlichkeit heftig und kontrovers die Rede Martin Walsers diskutierte, die Walser anlässlich der Verleihung des Friedenspreises des Deutschen Buchhandels im vergangenen Jahr gehalten hat.

Die Frage mag gestellt werden, weshalb ich Walsers Rede erwähne, wenn es doch um den Nationalpreis geht. Was hat das eine mit dem anderen zu tun? Ich will mich bemühen, eine Erklärung zu geben.

Dass Walser in seiner Ansprache in keiner Weise versucht hat, die Tragik des Schicksals von Millionen jüdischer Menschen, die ermordet wurden, herabzusetzen oder zu übergehen, scheint mir außer Frage. Was ich aber als unbegreiflich und unentschuldbar empfinde, ist die Tatsache, dass er sich gegen die «unaufhörliche Präsentation unserer Schande» auflehnt und beginnt, «wegzuschauen».

Niemand hat diese Einstellung strenger und gerechter kritisiert als Ignatz Bubis. Walser, so meine ich, will es sich und vielleicht auch einer großen Anzahl anderer Deutscher bequem machen. Er will, so weit das möglich ist, einen Schlussstrich ziehen unter einen Abschnitt der Vergangenheit, mit dem niemand gern leben möchte. Er will das Thema *Schuld und Schande*, um es kurz zu formulieren, abhaken.

Aber das Ungeheure, das in den dreißiger und vierziger Jahren einen so wesentlichen, so tief greifend grausamen Teil der Geschichte unseres Jahrhunderts darstellt – noch gibt es Zeitzeugen, aber wie lange noch? –, dieses Ungeheure lässt sich ganz einfach nicht abhaken. Die finsteren Auschwitz-Jahre bleiben unauslöschbar in unserem Gedächtnis haften und niemand soll kommen und sagen: «Lasst uns wegschauen.»

Ich selber habe meine Heimat – Deutschland, Berlin – früh genug verlassen, nämlich kurz nach der Machtergreifung der Nationalsozialisten, um den Foltern der Konzentrationslager zu entgehen. Ich habe keinen Tag der Unfreiheit gekannt. Ich habe nie körperlich gelitten und ich habe keine nahen Angehörigen verloren.

Als ich vor etwa vier Jahren, einer Anregung von Wolf-Dieter Dube, dem damaligen verdienstvollen Generaldirektor der Staatlichen Museen zu Berlin, folgend, den Entschluss fasste, meine Sammlung von Bildern der Klassischen Moderne nach Berlin zu bringen, in die Stadt, in der ich aufgewachsen bin und in der ich in den zwanziger Jahren all die kulturellen Impulse empfing, die für mein späteres Leben von entscheidendem Gewicht sein sollten, da wurde ich zu meiner Enttäuschung scharf kritisiert. Ich wurde kritisiert von Menschen, die, so wie ich selbst, nach 1933 in Amerika ein Refugium gefunden hatten.

Nach all dem, was passiert sei, so wurde mir vorgeworfen, sei es unverständlich und mehr noch: unverantwortlich, nach Deutschland zurückzukehren. Die Deutschen verdienten es einfach nicht, dass man sich aufs Neue mit ihnen einlasse. Die Goethestadt Weimar, die Stadt der Republik von 1918, mag als die europäische Kulturhauptstadt von 1999 gelten, aber ich vergäße zu schnell, wurde mir vorgehalten, dass diese Stadt Weimar im Schatten von Buchenwald liegt.

In Ezer Weizman, dem israelischen Staatspräsidenten, haben meine Kritiker einen namhaften Fürsprecher gefunden. Bei einem Besuch hierzulande vor drei Jahren sagte Weizman, es sei ihm unbegreiflich, dass Juden nach dem Holocaust weiterhin im Land von Hitler und Himmler leben könnten.

Mit dieser Aussage Weizmans komme ich nicht zurecht. Ich verleugne in keiner Weise meine jüdische Herkunft, aber ich bekenne mich zu Deutschland. Ich bekenne mich nicht zu dem Deutschland, in dem die Hauptwerte und Hauptworte Volksgemeinschaft, Volkszugehörigkeit und Volkstum heißen – all das, was Klaus Harpprecht in einem kürzlich erschienenen klugen Buch über Frankreich, in welchem er sich auf Deutschland bezieht und eine verschwommene, romantisch verbrämte deutsche Nationalphilosophie brandmarkt, als «die Vergötzung des Völkischen bis zum schieren Irrsinn» bezeichnet. Ich bekenne mich zum Deutschland der Aufklärung und des Liberalismus, zu einem Deutschland, das in einer europäischen, von Toleranz getragenen Gemeinschaft verankert ist.

Gestatten Sie mir, meine Damen und Herren, noch ein Wort zu sagen zu dem politischen Dauerbrenner der letzten zehn Jahre, dem so arg zerredeten Mahnmal. In diesem Zusammenhang ist auch Martin Walser dieser Tage wieder ins Gespräch gekommen und hat heftigen Streit ausgelöst. Man wirft Walser vor, das vorgeschlagene Mahnmal neben dem Brandenburger Tor unfreundlich-spitz als einen «fußballfeldgroßen Albtraum» bezeichnet zu haben – eine Kritik, mit der er nicht allein steht. Aber mit einem positiven Vorschlag konnte auch er nicht aufwarten.

Ich selbst habe viel über das Problem Mahnmal – denn es *ist* ein Problem – nachgedacht. Vor einem Jahr schrieb ich, man könne ein sinnvolles Memorial, das der Tragik der Auschwitz-Verbrechen gerecht wird, nicht auf Bestellung anfertigen, es müsste, so wie Picassos Jahrhundertgemälde *Guernica*, spontan entstehen. Inzwischen haben verschiedene Persönlichkeiten, darunter der große Isaac Stern, darauf hingewiesen, dass das von Libeskind geschaffene Jüdische Museum in der Berliner Lindenstraße der Vorstellung einer würdigen Gedenkstätte am nächsten käme, und das erscheint mir plausibel. Letztlich, und auch das möchte ich noch einmal deutlich aussprechen, liegt die Entscheidung bei denen – und bei denen allein –, deren Vorfahren den Anlass zu einem Mahnmal heraufbeschworen haben.

Ich erzählte Ihnen, meine Damen und Herren, dass ich 1936, also noch relativ früh in den Terrorjahren des Nazi-Regimes, Deutschland verlassen habe. Zurück kehrte ich 1944 als amerikanischer Soldat. Ich kehrte nicht zurück als der verlorene Sohn, der in fremden Landen alles verprasst hat und nun den Vater bittet, ihm zu verzeihen und ihn gnädig wieder aufzunehmen. Nein, ich kam vor vier Jahren in meine Heimat zurück, bereichert mit den Schätzen, die ich überall in der Welt, in Amerika, in Frankreich, in England, in der Schweiz und wo immer sonst, gefunden und aus denen ich meine Sammlung aufgebaut habe. Bei diesem Entschluss bin ich unbeirrbar geblieben.

Ich weise meine Kritiker darauf hin, dass Yehudi Menuhin in einer wunderbaren Geste der Versöhnung, so charakteristisch für die souveräne Lebenshaltung dieses einmaligen Künstlers, schon sehr kurz nach Kriegsende in der Berliner Philharmonie unter Furtwängler sein erstes Violinkonzert gegeben hatte. Ich sagte denen, die mich angriffen, dass Daniel Barenboim, israelischer Staatsbürger und in Berlin völlig integriert, seit Jahren als hoch geschätzter Chef der Deutschen Staatsoper Unter den Linden tätig sei. Ich sagte, dass Michael Blumenthal, einst Finanzminister in Washington, ehrenamtlich und ohne Wenn und Aber die Leitung des Jüdischen Museums in Berlin übernommen habe – meine Kritiker hatten beschlossen, Deutschland ebenso abzuhaken wie andere die Tragödie von Auschwitz.

Mit der einen wie mit der anderen Haltung bin ich nicht einverstanden. Als Barenboim kürzlich vor einem Parkett von Palästinensern ein Mozart-Konzert spielte, das von den Zuhörern mit enthusiastischem Beifall aufgenommen wurde, sagte er: «Ich will euch die Hand reichen in der einzigen Sprache, die ich spreche: der Musik.»

Die Sprache, die Barenboim da spricht, ist die in der jüdischen Tradition tief verankerte Sprache der Toleranz, und diese Sprache möchte ich auch sprechen.

Berlin, wie wir alle wissen und täglich spüren, ist in einer fieberhaften Aufbauphase. Es geht um neue

Mit meiner Frau Bettina, die mir in vierzig Jahren zur Seite stand, als ich die Sammlung aufbaute, und dem von mir hoch geschätzten, inzwischen verstorbenen Ignatz Bubis.

Regierungsgebäude, neue Großbauten für Handel und Industrie, neue Luxushotels, neue Superbahnhöfe, einen neuen, global konzipierten Flughafen. Das alles entsteht in großer Hektik, manches vielleicht überschnell. Und die Kultur?

Kürzlich hatte ich Gelegenheit, im Grand Palais in Paris eine bemerkenswerte Ausstellung ägyptischer Kunst zur Zeit der Pyramiden zu sehen. Bei diesem Besuch ist mir wieder einmal sehr deutlich bewusst geworden, welch fundamentale Rolle das kulturelle Erbe unserer Zivilisation spielt. Alles andere ist vergänglich, ist ersetzbar. Wenn ich also die Möglichkeit habe, durch die Präsentation meiner Sammlung einen Beitrag zu leisten zur Bereicherung des Kulturgutes meiner Heimatstadt, so erfüllt mich das mit tiefer Befriedigung. Ich denke an das Wort des Bundespräsidenten, als ihm Anfang des Jahres vom Regierenden Bürgermeister in diesem Haus die Ehrenbürgerwürde verliehen wurde: «Berlin soll leuchten!» Das ist ein schöner Satz. Ich möchte helfen, dass Roman Herzogs Wunsch verwirklicht wird.

Meine Sammlung, die ich aus bescheidensten Anfängen in mehr als vierzig Jahren aufgebaut habe, empfinde ich als mein Lebenswerk, und die Tatsache, dass ich, wenn ich die Briefe, die wir im Stülerbau erhalten, und die Eintragungen in unserem Besucherbuch richtig einschätze, Tausenden von kunstinteressierten Menschen eine Glücksstunde beschere, bestärkt mich in der Vorstellung, etwas Sinnvolles und Bleibendes geschaffen zu haben. Die Erinnerung an Auschwitz soll wach bleiben, aber Deutschland will ich nicht abhaken. Dass die Nationalstiftung, indem sie mir den Nationalpreis verleiht, ein Siegel der Bestätigung gibt, erfüllt mich mit besonderer Freude.

Ich danke Ihnen.

12. DER REGIERENDE BÜRGERMEISTER VON BERLIN SPRICHT VON EINEM BEGLÜCKENDEN TAG

Ein paar Tage vor Weihnachten des neuen Jahrtausends hat man mir anläßlich der Übergabe meiner Bilder- und Skulpturensammlung klassischer Moderne an den Bund mit den freundlichsten Worten gedankt. Der damals noch im Amt waltende Regierende Bürgermeister Eberhard Diepgen sprach von einem «wichtigen und guten Tag für Berlin». Eine schmerzliche Lücke sei geschlossen worden, die das Dritte Reich hinterlassen hatte, ein Traum sei in Erfüllung gegangen. Der Besuch meiner Sammlung sei für jeden Kunstinteressierten zu einem «Muß» geworden, für nicht wenige sei die Sammlung Berggruen «das schönste Kunstmuseum schlechthin».

Der Bundeskanzler nannte in seiner Rede die Übereignung meiner Sammlung den «sicherlich größten und bedeutendsten Kunsterwerb in überschbarer Zeit». Gerhard Schröder sah in dieser Übereignung auch das «hinausweisende Zeichen der Versöhnung und des Vertrauens in das heutige Deutschland».

Genug der Blumen, genug der herzlichen und freundlichen Dankesworte. Ich nahm nun Abschied und das ging nicht ganz ohne Tränen.

Sehr veehrter Herr Bundeskanzler,
meine Damen und Herren!

Picasso – Matisse – Klee: Das sind die Schwerpunkte meiner Sammlung, die ich seit 60 Jahren aufgebaut habe und die heute in den Besitz der Stiftung Preußischer Kulturbesitz und damit in den Besitz der Bevölkerung der Bundesrepublik übergeht. Die Sammlung ist mein Lebenswerk. Was ursprünglich als zehnjährige Leihgabe vorgesehen war, gehört nun der Gemeinschaft, gehört allen, die Freude an der Kunst haben, und damit bin ich sehr glücklich.

Ich empfinde diese Schenkung als eine Verneigung vor den großen Kunsthändlern jener Zeit intensiver und schöpferischer kultureller Aktivität, bevor Vernichtung und Zerstörung einbrachen. Ich verneige mich vor Menschen, die Thannhauser und Flechtheim hießen, Cassirer und Nierendorf, Kahnweiler und Curt Valentin, die sich in einmaliger Weise für die klassische Kunst der Moderne einsetzten.

Ich hoffe, nicht zu anspruchsvoll zu erscheinen, wenn ich mich als Erbe dieser Menschen ansehe und in ihrem Sinne einen Beitrag leiste zu dem Wiederaufbau einer Kulturlandschaft, auf die wir alle stolz sein können.

Viereinhalb Jahre hier im Stülerbau haben mir bewiesen, in wie hohem Maße die zahllosen Besucher von aufrichtiger Dankbarkeit und aufrichtigem Glück erfüllt waren. *Picasso und seine Zeit*, wie die Sammlung benannt ist, hat neue Dimensionen geschaffen. Es war die Anerkennung, die Begeisterung der Besucher, die mich bestärkt haben, die Geste zu machen, die wir heute feiern.

Ich möchte all denen meinen Dank aussprechen, die es ermöglichten, den Übergang von einer Privatsammlung in den Besitz der Gemeinschaft in denkbar harmonischer Weise zu realisieren. An erster Stelle gilt mein Dank Ihnen, Herr Bundeskanzler Schröder, der Sie, vertraut mit der Sammlung, vorbehaltlos Ihre Zustimmung gegeben haben, diese Sammlung dem Gemeingut einzuordnen. Ihnen, Herr Staatsminister Naumann, bin ich zu großem Dank verpflichtet dafür, dass Sie sich in Ihrer Funktion als Kulturbeauftragter voll und ganz und unermüdlich dafür eingesetzt haben, dass meine Sammlung in die Kulturstiftung integriert wird.

Sie, verehrter Herr Diepgen, haben als Bürgermeister meiner Heimatstadt mich vom ersten Tag an in meinem Bemühen darin unterstützt, meine Sammlung einen Bestandteil von Berlin werden zu lassen, und dafür bin ich Ihnen sehr verpflichtet. Mein aufrichtiger Dank gilt ebenfalls Ihnen, Herr Professor Lehmann, als Präsident der Stiftung, und Ihnen, Herr Professor Schuster, als Generaldirektor der Preußischen Museen, die Sie beide sich uneingeschränkt dafür einsetzten, dass meine Sammlung unveräußerlicher Bestand der Kulturstiftung wird.

Last but not least, möchte ich meine besondere Schätzung Herrn Professor Dube aussprechen, dem Vorgänger von Herrn Schuster als Generaldirektor der Berliner Museen. Ohne Wolf-Dieter Dube wäre ich vielleicht nicht in Berlin und meine Sammlung wäre es auch nicht. Herr Dube hat das Verdienst, mich als erster – und zwar anläßlich der Eröffnung meiner Ausstellung in der National Gallery in London vor zwölf Jahren – nach Berlin einzuladen und mir als Ausstellungsräume diesen wunderbaren Stülerbau anzubieten, in dessen Rotunde wir uns jetzt befinden. Damit war der erste wesentliche Schritt getan.

Meine Damen und Herren, es ist mir ein Bedürfnis, in dieser Stunde zu sagen, wie sehr mir heute meine Frau Bettina fehlt, die leider erkrankt ist. In mehr als 40 Jahren hat sie mir zur Seite gestanden und mich bei meinen Erwerbungen unterstützt und bestärkt. Ohne sie hätte die Sammlung nie das Profil bekommen, das sie erhalten hat.

Ich habe zu meinen Bildern und Skulpturen immer eine enge persönliche Beziehung gehabt und von vielen ist zu Recht der Stülerbau als ein Privatmuseum empfunden worden. Der Ausstellungskatalog heißt *Picasso und seine Zeit.* Es ist bezeichnend, dass manche Besucher in unserem Buchladen den Katalog *Berggruen und seine Zeit* verlangt haben. Sie werden verstehen, meine Damen und Herren, dass ich mich – was mir nicht leicht fällt – bei dem Versuch, unsentimental zu bleiben, nicht ohne Wehmut von der Sammlung trenne. Sie ist halt mein Lebenswerk. Scheiden tut weh, wie man sagt. Bei Vergil heißt es *Lacrimae sunt rerum. Alle Dinge haben Ihre Tränen.* Und so ist es. Ich würde nicht die Wahrheit sagen, wenn ich jetzt behauptete, dass mir der Abschied von den Bildern, zu denen ich über die Jahre ein so inniges und vertrautes Verhältnis hatte, nichts ausmacht. Andererseits bin ich hoffnungsfreudig, weil diese Sammlung nun ein permanenter Bestandteil der Berliner Kulturlandschaft sein wird.

Picasso – Matisse – Klee: Lichtgestalten der Kunst des letzten Jahrhunderts. Manche mögen die Sammlung als ein willkommenes Weihnachtsgeschenk ansehen. Aus meiner Sicht ist es ein Geschenk an meine Heimatstadt für viele Jahre und Jahrzehnte, oder, wie die Engländer sagen, *for ever and a day*.

Meine Damen und Herren, ich danke Ihnen.